Albert Stähli

GAIUS JULIUS CAESAR

.

Albert Stähli

GAIUS JULIUS CAESAR

Genialer Stratege, glänzender Politiker
und Erneuerer von Rom

**Frankfurter
Allgemeine
Buch**

Bibliografische Information der Deutschen Nationalbibliothek
Die Deutsche Nationalbibliothek verzeichnet diese Publikation in der
Deutschen Nationalbibliografie; detaillierte bibliografische Daten sind im
Internet über http://dnb.d-nb.de abrufbar.

**Frankfurter
Allgemeine
Buch**

© Fazit Communication GmbH
Frankfurter Allgemeine Buch
Pariser Straße 1
60486 Frankfurt am Main

Umschlagabbildung: © AKG5194753
Umschlaggestaltung: Nina Hegemann
Satz: Jan W. Hofmann
Druck: CPI books GmbH, Leck
Printed in Germany

1. Auflage
Frankfurt am Main 2024
ISBN 978-3-96251-198-2

Frankfurter Allgemeine Buch hat sich zu einer nach-
haltigen Buchproduktion verpflichtet und erwirbt
gemeinsam mit den Lieferanten Klimazertifikate zur
Kompensation des CO_2-Ausstoßes.

Für Nada, Esther, Pedja und Lilja

Inhalt

Kapitel 6

Was wir von Julius Caesar lernen können

Selbstvertrauen, politisches Gespür, Loyalität und strategische
Kommunikation führen unweigerlich an die Spitze

Prolog
Von einem Mann, der Geschichte geschrieben hat

So könnte die Bühnenanweisung eines klassischen Dramas
lauten:

Der Vorhang hebt sich, und ein Mann tritt in die Weltgeschichte,
der seine Epoche prägen wird wie kein Römer vor und nach ihm.

Als Spross einer Patrizierfamilie sieht der junge Gaius Julius
Caesar einer glänzenden Karriere entgegen. Er absolviert die
vorgeschriebene Ämterlaufbahn und erringt mit 41 Jahren
das höchste politische Amt, das Konsulat. Auf dem Zenit
ihres Lebens würden die meisten Noblen Roms jetzt aus der
Geschichte fallen. Nicht so Caesar: Als Dritter im Bunde
mit dem schwerreichen Crassus und dem kampferprobten
Pompeius behauptet er sich als politischer Statthalter im
Norden, wächst in die Rolle des Feldherrn und unterwirft
ganz Gallien. Nun könnte sich der Held mit Fug und Recht
auf seinem Landsitz zur Ruhe setzen. Aber Caesar ist noch
nicht fertig. Im Bürgerkrieg setzt er sich gegen seinen ehemaligen Verbündeten durch, wird Alleinherrscher und ordnet das Staatswesen neu. Damit macht er sich Feinde. An
einem Frühlingstag bringen sie Gaius Julius Caesar den Tod.

Der Vorhang fällt.

Exposition, dramatische Handlung, Höhepunkt, Retar-
dation, dann die unausweichliche Katastrophe: Das Leben

des wohl bekanntesten Römers aller Zeiten ist wahrlich ein Sujet für den klassischen Fünfakter auf der ganz großen Bühne. Mit Caesar gewinnt Rom seine größte historische Gestalt, wie die Hellenen mit Alexander dem Großen und die Franzosen mit Napoleon Bonaparte. Erst mit diesem herausragenden Protagonisten der Spezies Mensch wird sich die Nachwelt der in ihr wohnenden Talente und Möglichkeiten bewusst. Darin spiegelt und ehrt sie sich selbst; das erklärt den Widerhall des Namens Caesars über mehr als zwei Jahrtausende.

Indes hieße es, die Natur der Erdenbürger zu verkennen, sieht man neben der Bewunderung nicht auch die pathologische Manie, Erfolge neidvoll zu verkleinern und den Glanz des Ruhms zu trüben. Menschenkenner wissen: Die Missgunst ist hartnäckig und langlebiger als die Verehrung. Am Ende wird die monumentale Gestalt Caesars seiner Zeit entrückt und in den Olymp musealer Größe emporgehoben.

Dort fordern die lichten wie die schattigen Charakterzüge Caesars zur Deutung seiner Taten heraus. Als Werkzeug der Geschichte ward er ausgesandt, um die Sehnsucht der Menschheit nach Ordnung zu stillen. Vor aller Augen hat er die innere Zerrissenheit der bankrotten Republik zur Schau gestellt. Die wirtschaftlichen Probleme Roms hat auch Caesar nicht lösen können. Aber er hat ein quälend langes Jahrhundert voller parteipolitischer Querelen und den Bürgerkriegen geschuldeter Selbstverstümmelung beendet und den Römern mit der Alleinherrschaft neue Hoffnung gegeben. Vielen seiner Zeitgenossen gilt er darum als Erlöser. Doch auch Caesar hat Widerspruch und Ablehnung auf sich gezogen. Nicht wenige hat er enttäuscht, die ausgezogen waren, in ihm das Ebenbild der Götter zu verehren, in deren Kreis er tatsächlich post mortem aufgenommen wurde – sogar als höchster Staatsgott Divus Iulius. Seine Gegner ließ dies vor Zorn und seine Anhänger vor Stolz erglühen. Bis heute gehen die Wertungen auseinander. So ist das nun einmal mit den Großen dieser Welt, deren Taten wir selbst nicht mehr beurteilen und deren Stimmen wir nur mehr als sehr fernes, durch Freund und Feind gefiltertes Echo vernehmen können.

Ein Genie des Geistes, des Wortes und der Tat

Und so fällt es auch mir nicht ganz leicht, angesichts des bewiesenen Genius' Caesars meiner selbstauferlegten Chronistenstrenge treu zu bleiben. Schließlich war der Mann, so viel sei vorausgeschickt, außerordentlich facettenreich. Der große Julier war ein Schöngeist, ein Homme de Lettres, *und* er war ein herausragender Krieger, *und* er war ein scharfsinniger Staatsmann, so wie ihn das Alte Rom nie zuvor gesehen hatte. Caesar hasste dumpfe Gewalt und beschränkte sie auf notwendige Exempel. Gleichzeitig konnte er gegen Barbaren jene erschaudern lassende Grausamkeit an den Tag legen, die von den antiken Schriftstellern Titus Livius und Herodot so bildmächtig geschildert werden. Caesar achtete die römischen Tugenden wie Treue, Ehrfurcht und Frömmigkeit. Dabei wusste er genau um den hohlen Klang und die Brüchigkeit dieser Meriten. Denn die Römer schätzten die Herkunft über alles. Sklaven hingegen verachteten sie ebenso wie Menschen, die noch nicht in den Genuss der römischen Zivilisation gekommen waren. Sie maßen mit zweierlei Maß. Wer sind wir, Caesar vorzuwerfen, er habe bei seinen Entscheidungen nicht immer dieselbe Elle angelegt, wenn doch ihre Ergebnisse ihm recht gegeben haben?

Als Reformer war Julius Caesar gerade deshalb so erfolgreich, weil er der vollkommene Élève des Ancien Régime war. Meisterhaft beherrschte er die von der ausgehöhlten Republik gleichsam wie ein Stützkorsett errichteten Normen und Usancen – an die sich freilich niemand hielt, wenn ihm ein höheres Ziel winkte und er die Strafe geschickt zu umgehen wusste. Aus taktischen Gründen ergriff Caesar Partei für die unterprivilegierten Volksmassen und konnte dabei den Triumph seiner exzellenten Rednergabe, die er seiner vornehmen Erziehung verdankte, ausspielen. Sein Bedarf an Geld war gewaltig; nicht nur für sich selbst, er schüttete es großzügig an andere aus. Die Welt der Wirtschaft war ihm fremd. Dennoch versetzte er durch eine umsichtige Verwaltung im Beutekrieg erworbene Provinzen in die Lage, dem Römischen Reich nachhaltig Tribut zu leisten. Er war ein Staatsbeamter, kein gelernter Krieger. Und doch zählt man ihn zu der Handvoll der fähigsten Feldherren aller Zeiten.

Soll das alles wirklich ein einzelner Mann gewesen sein, getan haben? Vor lauter Widersinn möchte man den Kopf schütteln – und wird ihn doch aus Hochachtung neigen.

All diese Facetten und Widersprüche finden eine Erklärung in einer Eigenschaft Caesars, die mir die vornehmste von allen scheint: Der Römer nutzte jede Minute seines Lebens, um zu lernen. Er lernte aus eigenen Irrtümern wie aus denen seiner Freunde und Zeitgenossen. Erst recht aber lernte er aus den Erfolgen und den Fehlern seiner Kontrahenten. Nicht genug damit, er tat etwas, was längst nicht allen notorisch Wissensdurstigen gelingt: Er dachte gründlich über all das Gehörte, Gesehene, Erfahrene und Erlebte nach und setzte es zur richtigen Zeit mit den richtigen Mitteln in die richtigen Taten um. Julius Caesar war ein intellektueller Pragmatiker und ein pragmatischer Denker – und das ist kein Widerspruch.

Große Bühne für ein dramatisches Leben

Wenn dieses Buch also von einem Mann handelt, in dem sich so viele göttliche Gaben gebündelt haben, der Rom geeint und zum Hegemon gemacht hat – warum wurde dieser Mann dann ausgerechnet am Ort seines größten Triumphes, auf den Treppenstufen vor dem römischen Senat, von der Hand römischer Senatoren, von denen er viele seine Freunde glaubte, gefällt?

Diese Frage wird am Ende des Buches ebenso schlüssig beantwortet sein wie die nach der Quintessenz seines Lebens und dem, was wir Nachgeborene aus Caesars Leben, seinen Worten und Taten lernen können. Ein Ausblick: Es ist eine Menge, und dank des von mir gewählten drama-andragogischen Ansatzes wird es überaus spannend zu lesen sein. Drama kommt aus dem Griechischen und bedeutet Handeln, Andragogik (siehe auch Stähli, A., 1996, 2006) ist die Wissenschaft vom Lernen erwachsener Menschen. Im Mittelpunkt der Drama-Andragogik steht also die Erwachsenenbildung aus den Handlungen anderer Menschen.

Und an Taten und Geschehnissen mangelt es in Caesars Leben nicht; im Gegenteil, es ist nahezu minutiös erforscht, beschrieben und nach seinem Tod vieltausendfach obduziert worden. Aus seiner nach heutigen Maßstäben kurzen Lebensspanne, er wurde keine 56 Jahre alt, lässt sich vieles extrahieren, was keinesfalls im Marschgepäck auf dem eigenen Lebensweg fehlen darf. Selbst anerkannte Führungspersönlichkeiten mit einem reichen Schatz an Wissen dürfen noch für sie Neues erwarten.

Dieses Vorspiel soll heiter enden. Darum möchte ich augenzwinkernd darauf hinweisen, dass man nicht vom Vorsatz getrieben sein muss, ein Weltreich zu erschaffen, um Gewinn aus der nachfolgenden Beschreibung des Lebens und Wirkens Julius Caesars zu ziehen. Als leidenschaftlicher Andragoge würde ich mich schon freuen, wenn die Leserinnen und Leser das Buch am Ende mit der Überzeugung aus der Hand legten, die Motive und Handlungsweisen des Julius Caesar nun noch besser verstehen und für sich die eine oder andere Erkenntnis daraus ziehen zu können. Dem großen Römer hätte das gewiss gefallen, wusste er doch, *ut est rerum omnium magister usus* (De bello civili, Buch II, 8). Dieser Weisheit schließe ich mich gerne an: Die Erfahrung ist die beste Lehrmeisterin.

KAPITEL I

Ein Ausnahmetalent sucht seinen Weg

Caesars Kindheit und Jugend in der späten römischen
Republik

Caesar wurde in eine Zeit hineingeboren, die Historiker
heute die zweite römische Republik nennen. Gemeint ist
damit das 2. und 1. Jahrhundert v. Chr. In der Mitte dieser Epoche, 100 Jahre vor Christi Geburt, nähert sich das
Römische Reich dem Gipfel seiner Macht. Ganz Italien
gehört bereits dazu, ebenso große Teile Griechenlands, Spa-
niens, Nordafrikas, Kleinasiens sowie Gallia Transalpina,
die südlichen Landstriche des heutigen Südfrankreich.

Rom, die einst unbedeutende Bauernstadt am Tiber, ist die
Herzkammer der Welt. Hier leben zwischen 500 000 und
einer knappen Million Menschen, etwa ein Fünftel davon
Sklaven. Ungeheurer Reichtum strömt aus den Provinzen
in die Staatskassen und von dort in die Truhen der Aristokratie. Nach den in Chaos und Bürgerkrieg endenden
Reformen der Gracchen vor rund 30 Jahren ist die Senats-
herrschaft wiederhergestellt (vgl. Stähli, A., 2018, S. 29 f.).
Oben auf dem Kapitol beeindruckt der neu errichtete Jupi-
ter-Tempel mit seinen aus Athen herbeigeschafften Säulen,
auf den benachbarten Hügeln Palatin und Esquilin künden
elegante Villen inmitten gepflegter Gärten vom Wohlstand
der aristokratischen Oberschicht. Der selbstbewusst zur
Schau gestellte Reichtum nährt Scharen von Händlern. In
Rom gibt es alles zu kaufen, was das Herz begehrt.

Nach Osten hin freilich, zum Tiber und zum Marsfeld, bei den Häfen und angesichts der mehrstöckigen Mietskasernen im Norden und Westen wähnt man sich in einer anderen Stadt. Brände, Überschwemmungen und fehlende Mittel für Wiederaufbau und Instandhaltung der Kanalisation zeugen vom Elend der großstädtischen Plebejer. Kein Behördenleiter plant länger als bis zum Ablauf des Kalenders, denn dann müssen sich die Magistrate erneut der Volksabstimmung stellen. Warum dem Nachfolger den Applaus der einfachen Leute schenken, zumal die meisten Bewerber um ein öffentliches Amt ohnehin nur vor den Wahlen die öffentliche Wohlfahrt beschwören?

Ein schwieriger Drahtseilakt

Nach außen hin ist das Römische Reich gut geschützt, nach innen gar nicht; jedenfalls nicht von Staats wegen. Jeder schützt sich selbst, so gut er kann. Entführung, Erpressung, Raub, Plündereien, Intrigen, Meuchelmorde und windige Spekulationsgeschäfte sind Alltagsgeschehen. Aus den Händen korrupter Beamter gehen Recht und Ordnung an den Meistbietenden. Ohne Polizei und Staatsanwalt müssen Anklagen vor dem Senat erhoben werden, Beweise gelten wenig, Zeugen sind käuflich. Hat ein zu Recht oder Unrecht beschuldigter Mann nichts in der Hand, um den Ankläger seinerseits unter Druck zu setzen, dann schwindet sein Ansehen, droht ihm der Verlust seines Amts, seines Vermögens, gar Verbannung und Tod. Kompromittierendes Material hat in Rom einen hohen Tauschwert. Cassius

Dio, selbst den größten Teil seines Lebens als hoher Beamter tätig, seufzt im 36. Buch seiner römischen Geschichte: „Es gab ja keine Zeit, in der solche Dinge nicht geschahen, und es dürfte damit wohl auch nicht aufhören, so lange die menschliche Natur dieselbe ist."

Das farbenprächtige, aber sichtlich heruntergekommene Bühnenbild, vor dessen Hintergrund sich die Kindheit und Jugend Caesars entfaltet, gibt dem Betrachter den moralischen Konflikt der Elite (und stärker noch das derer, die dazu gehören wollen) zu verstehen: Schutz vor dem sozialen Tod bietet nach dem geltenden Handlungs*muster* allein der rechtschaffen erworbene Besitz – der aber kaum anders als unter Verletzung der Handlungs*regeln* erworben werden kann. Das stellt die kaum mehr als zwanzig ersten Familien Roms, die seit dem Hannibalischen Krieg mit Ausnahme von Marcus Tullius Cicero jeden Konsul hervorgebracht haben, vor ein kaum lösbares Dilemma. Diesen Hintergrund muss man kennen, um Caesars Denken und Handeln richtig einordnen zu können.

Optimaten und Popularen ringen um die Macht

Im Senat, dem höchsten politischen Entscheidungsgremium Roms, haben die Patrizier das Sagen. Keine Partei im modernen Sinne, aber ebenso zerstritten wie diese, verfolgen die Optimaten mit der Bewahrung der bestehenden Ordnung doch eine gemeinsame Linie. Weil der Aufbau ihrer Karrieren und die ihrer Söhne ein Vermögen kostet, die standesgemäße Repräsentation ein zweites und beides nicht jedem gegeben ist, sind die Senatoren anfällig für Bestechung und Vorteilsnahme. „Eine gewisse Empfänglichkeit für großzügige Geschenke war da eine geradezu natürliche Reaktion auf den immensen Geldbedarf", zeigt Althistoriker Martin Jehne (2006, S. 89) menschliches Verständnis.

Besonders viel Geld fließt vor der alljährlichen Wahl der beiden Konsuln, der höchsten Staatsbeamten und Oberbefehlshaber des Heeres, durch die Volksversammlung. Deren Stimme wiegt schwer, denn sie verkörpert den göttlichen Willen: *vox populi vox Dei.* In der Regel schlagen die Senatoren der Volksversammlung Kandidaten aus ihrem Kreis vor. Die Bürger hingegen bevorzugen siegreiche Kriegshelden und Aristokraten, die ihren Forderungen nach Sozialreformen redegewandt Gehör verschaffen. Das sind die Popularen.

Bei der Abstimmung Ende des Jahres 100 v. Chr. rechnen sich die Popularen gute Chancen aus. Denn ihr Kandidat ist Volkstribun Gaius Marius, der Bezwinger des numidischen Königs, der Kimbern, Ambronen und Teutonen. Das ihm – verfassungswidrig – bereits sechs Mal zugebilligte Konsulat verdankt er seinen siegreichen Schlachten und die wiederum seiner Heeresreform. Mit der Öffnung der einst auf Landeigentümer beschränkten Miliz für jeden freien Mann hat Marius die Legionen vervielfacht – aber eben auch dem Einfluss der Senatoren entzogen. Wer die Armee auf seiner Seite hat, an den wagen sich die Politiker nicht heran.

Abbildung 1: Gaius Marius, Feldherr und Konsul

Die Macht in Rom hat, wem die Legionen folgen

Das erklärt die Besorgnis der Patrizier im Senat, der alt-ehrwürdigen Geschlechter der Cornelier, Meteller, Fulvier, Scaurier, Curier, Atilier und auch der Julier, derer jüngster Spross Gaius Julius Caesar am 13. Juli 100 v. Chr. zur Welt gekommen ist. Zu dem freudigen Ereignis dürfte der große Marius persönlich gratuliert haben; immerhin ist er der angeheiratete Onkel des Neugeborenen.

Anders als Marius hat sich sein Schwager, Caesars Vater, nicht für den Krieg, sondern für die Politik entschieden. Er hat die Ämterlaufbahn (*cursus honorum,* s. Kapitel 2) ein-geschlagen. Als Quästor und oberster Gerichtsbeamte kann er die Kosten für Marius' neue Legionen zwar nicht auf die Sesterze genau beziffern. Aber er fürchtet zu Recht, dass die Armee den Staat sehr viel Geld und Land für die ausge-musterten Legionäre kostet. Bei der im Winter anstehen-den Wahl der Konsuln, so hofft er insgeheim, werde sich die Armee für den Kandidaten des Senats aussprechen. Der wirbt für eine Rücknahme der Heeresreform. Wüsste Cae-sars Vater jedoch, dass sein Filius dereinst mit der Hilfe der mächtigen Legionen ganz Gallien bezwingen und Allein-herrscher im Römischen Reich werden wird, würde er gewiss für Marius stimmen. Aber dieser wird erst 14 Jahre später sein siebtes Konsulat antreten.

Den Grundsätzen aristokratischer Lebensführung unterworfen

Zu diesem Zeitpunkt – wir schreiben das Jahr 86 v. Chr. – ist Gaius Julius Caesar ein junger, überaus belesener und gewandt argumentierender junger Mann von brillantem Verstand. Über seine Kindheit ist kaum etwas bekannt. Zwar hat Plutarch eine umfassende Biografie über ihn geschrieben, deren Anfang ist jedoch verloren gegangen. Doch auch so können wir davon ausgehen, dass Caesar die ersten Lebensjahre bei seiner Mutter verbracht hat. Seit seinem siebten Geburtstag unterrichtet ihn ein griechischer Hauslehrer in all den Fächern, in denen sich ein Stammhalter aus gutem Hause auskennen muss: griechische und lateinische Geschichte und Literatur, Mathematik, Geografie, Naturwissenschaft und Rhetorik. In letzterem glänzt er besonders. Das wissen wir aus einer Erwähnung des römischen Rhetorikers Quintilian (1920, S. 219) im ersten nachchristlichen Jahrhundert: „Augustus Caesar delivered a funeral oration over his grandmother from the public rostra when he was only twelve years old."

Fraglos kennt Caesar die Welt der Götter, von der seine Familie als Nachfahren des Julus, einem Enkel der Göttin Venus, ihre vornehme Abstammung herleitet. Auch in den jüngeren Zweigen des Stammbaums der Julier findet sich reichlich Prominenz, Konsuln, Censoren, ranghohe Staatsbeamte. Damit gehören die Julier zu den Familien 1. Ranges. Reich nach römischen Maßstäben sind sie nicht, aber durchaus wohlhabend und gut beleumundet. Caesars

Mutter Aurelia ist die Tochter eines Konsuls; ihr Bruder ging ihrem Mann im Amt voraus und brachte es zum Prätor. Und so wird der junge Gaius Julius von klein auf den Grundsätzen aristokratischer Lebensführung unterworfen. „Politik und Krieg (...), dies lernte der Knabe früh, waren gestrenge Herren und forderten asketische Hingabe. Denn nur in ihren Diensten war zu gewinnen, was allein das Leben lohnte: Ruhm und Ehre." (Dahlheim, W., 2005, S. 65)

Zwei Jahre später, es ist nun 84 v. Chr., absolviert Caesar, wie wir ihn fortan nennen wollen, ein einjähriges politisches Volontariat, das ihn mit Rednern, Juristen und Politikern aller Parteien zusammenführt und mit dem Erreichen der Volljährigkeit endet. Caesars Vater schickt den Halbwüchsigen auf die Ämterlaufbahn. Das für eine solche Karriere nötige Geld soll eine reiche Heirat bringen. So war es auch bei ihm selbst gewesen. Eine Verlobung mit der Tochter eines begüterten Ritters wird eingefädelt. Doch bevor es dazu kommt, stirbt der Vater.

Erste Ehe und erste Zeichen erwachenden Selbstbewusstseins

Konsul in Rom ist schon seit drei Jahren der Popular Lucius Cornelius Cinna, ein Freund und Mitkämpfer von Marius. Während dieser Zeit sind er und seine Anhänger dazu übergegangen, den Staat wie ein Privatunternehmen zu führen. Mit der Bestellung von Seiteneinsteigern in höchste Ämter entwerten sie den *cursus honorum,* Entscheidungen werden an den Magistraten vorbei getroffen, Vorteilsnahmen kaum mehr kaschiert. „Dies war die eigentliche *dominatio,* also die Herrschaft einer kleinen Gruppe, und die Römer, die das so sahen, mußten daraus den Schluß ziehen, daß die *res publica,* der Staat, eigentlich gar nicht mehr bestand." (Jehne, M., 1997, S. 11) Das verunsichert die Optimaten. Roms Elite sieht ihre beruflichen und gesellschaftlichen Perspektiven bedroht.

Nicht wenige Adelsfamilien verlegen sich auf die Strategie, sich mit beiden Parteien gut zu stellen. Und so gehen nach dem Tod von Caesars traditionsstrengen Vater auch die Julier auf Cinna zu. Mit dem Ziel – oder der glücklichen Folge –, dass der 16-jährige Caesar mit Cinnas Tochter Cornelia verheiratet wird. Man sagt, die blutjungen Leute seien einander herzlich zugetan gewesen.

Nicht lange nach der Heirat zeigt die Verbindung ihre Vorteilhaftigkeit: Caesar soll zum obersten Priester des Gottes Jupiters ernannt werden. Die hoch positionierte Stellung ist gewiss eine Auszeichnung, nur schließt sie jegliche Nähe zum Militär aus. „Für einen Mann mit den politischen und militärischen Ambitionen Caesars konnte dieses Priesteramt also frühen Ruhm, wohl aber nicht die Befriedigung aller Wünsche bedeuten." (Jehne, M., a. a. O., S. 12) Dennoch lässt er sich darauf ein. Als kurz darauf, wir schreiben noch immer das Jahr 84, Konsul Cinna zu Tode kommt, hängt der Plan in der Luft. Caesar wartet ab, wie sich die Dinge entwickeln.

Im darauffolgenden Jahr kehrt Sulla, früherer Konsul, siegreicher Feldherr und Todfeind der Popularen nach Rom zurück. Dort wird er von den Hoffnung schöpfenden Senatoren augenblicklich zum *dictator* ernannt und geht mit brachialer Gewalt gegen seine Gegner vor. Sullas berühmtberüchtigten Proskriptionen, also öffentlich proklamierte Listen mit Namen von Menschen, auf deren Tötung eine Belohnung steht, entgeht Caesar nur knapp. Sulla verlangt von ihm nur ein Zeichen der Distanzierung von seinen bisherigen Verbindungen – die Scheidung von seiner Frau Cornelia. Doch dazu ist Caesar nicht bereit. Er verweigert Sulla die Erfüllung seines Wunsches. „Ein adelsstolzer *nobilis* ließ sich gefälligst keine Anweisungen geben, und ein Patron stand verläßlich zu seinen Freunden und Abhängigen. Hier zeigte Caesar also zum ersten Mal sein unerschütterliches Selbstbewußtsein und seine Übersollerfüllung in Bezug auf patronale Verpflichtungen." (Jehne, M., a. a. O., S. 15)

In Asia Minor erweist sich Caesar als Multitalent

Als Folge dieser Insubordination verliert Caesar seinen Anspruch auf das Priestertum. Sulla entzieht ihm seine schützende Hand und lässt einen Teil seines Vermögens beschlagnahmen, allerdings erteilt er nicht den Auftrag, den renitenten jungen Mann zu töten. Nach seiner Flucht aus der Stadt muss sich Caesar mit 12 000 Denaren von Sullas Häschern freikaufen, danach lebt er eine Zeit lang unter prekären Bedingungen und abhängig von Sullas Gnade. Gut möglich, dass aus dieser Zeit ein Trauma rührt. „Es

Abbildung 2: Lucius Cornelius Sulla, Feldherr und Diktator

spricht für Caesar, daß er selbst in dieser Situation nicht nur den familiären, sondern auch den politischen Bindungen treu blieb. Er beteiligte sich zwar nicht an innenpolitischen Vabanquespielen, ließ indessen an seiner Treue gegenüber den Popularen keinen Zweifel aufkommen." (Christ, K., 1997, S. 15)

Als wir den 18-, 19-Jährigen wiedersehen, ist Caesar auf einem Posten im Stab eines Statthalters im Osten des Römischen Reichs. In der Provinz Asia im Westen der heutigen Türkei kann er erste militärische Erfahrungen sammeln. Dabei zeigt er Begabung und höchsten Mut. Als Caesar einem Kameraden bei der Eroberung von Mytilene auf der Insel Lesbos das Leben rettet, wird er mit der Bürgerkrone, einer hohen Tapferkeitsauszeichnung, belohnt.

Dass in ihm erheblich mehr als ein talentierter Krieger steckt, zeigt sich anlässlich einer diplomatischen Mission, mit der er betraut wird: Caesar soll von König Nikomedes IV. von Bithynien, eine Region an der südlichen Schwarzmeerküste, eine Unterstützungsflotte erbitten. Während der Dauer seines Aufenthaltes baut er eine feste, freundschaftliche Bindung zu Nikomedes auf. Das provoziert zwar Gerüchte, wird von Caesar aber gepflegt ignoriert. Die Erfüllung seiner Order geht ihm über alles.

Viel mehr ist aus Caesars Zeit in Asia Minor nicht überliefert. Er verbringt dort mindestens drei Jahre, denn es wird 79, bevor Sulla von seiner Diktatur zurücktritt. Dennoch macht sich Caesar erst auf den Heimweg, als er im Jahr darauf die Nachricht von Sullas Tod erhält. Er weiß: Jetzt, da der große Machthaber tot ist, werden die Karten neu gemischt.

Und wirklich: Der amtierende Konsul Marcus Aemilius Lepidus macht im Senat massiv Stimmung gegen die sullanische Ordnung. Im Bündnis mit den Optimaten möchte er den Status quo ante restaurieren. Als Lepidus dabei gewaltsam vorgeht und mit seinen Anhängern eine halbherzige und deshalb rasch niedergeschlagene Revolte im seit Langem aufrührerischen Etrurien anzettelt, lassen ihn die Konservativen peinlich berührt fallen. Neben diesem Mann machen der schwerreiche Bankier Marcus Licinius Crassus und der beim Volk beliebte Feldherr Gnaeus Pompeius in Rom von sich reden. Ursprünglich Anhänger Sullas, streben die miteinander verbündeten Crassus und Pompeius an der Seite der Popularen nach dem Konsulat. Jeder ahnt: Von diesen beiden wird noch zu hören sein. „Dies waren die politischen Verhältnisse, in denen auch ein enger Verwandter von Marius und Cinna hoffen konnte, seinen politischen Aufstieg zu nehmen." (Jehne, M., 1997, S. 17)

Jetzt startet Caesars Karriere richtig durch

Gaius Julius Caesar, ein hoch aufgeschossener junger Mann mit markanten Gesichtszügen, aus gutem Hause, versehen mit Talenten, Begabung und militärischer Erfahrung in der Provinz, ist nun 22 Jahre alt. Seine Frau Cornelia erwartet ihr erstes Kind. Caesar weiß: Jetzt ist der Zeitpunkt gekommen, an dem er die Weichen für sein Leben stellen muss. Für einen Sitz im Senat, der ein Mindestalter von 43 Jahren fordert, ist er noch zu jung. Um für höhere militärische Kommandopositionen in Betracht gezogen zu werden, womit er liebäugelt, muss er die politische Laufbahn einschlagen. So sieht es die Familientradition und der gesellschaftliche Komment Roms vor. „Wenn er in den Augen seines Standes nicht als Versager gelten wollte, blieb ihm gar keine andere Wahl als Karriere in der Politik zu machen." (Jehne, M., a. a. O., S. 18) Und die beginnt, wie man inzwischen von Caesar erwarten kann, nicht mit einem, sondern gleich mit mehreren Paukenschlägen.

Stolz und selbstbewusst tritt der junge Mann vor den Senat und führt offiziell Beschwerde gegen frühere Konsuln und Anhänger Sullas. Die Anklagen lauten auf Erpressung und Bereicherung. Obwohl Caesar seine beiden ersten Fälle verliert, gewinnt er auf dem Kapitol großes Ansehen. Man lobt ihn als brillanten Redner und konsequenten Gegner korrupter Praktiken. Caesar hat vor dem Senat zwar verloren, aber eigentlich hat er das Wichtigste erreicht, das ein Ankläger bei einem prominent besetzten Verfahren gewinnen kann: öffentliche Aufmerksamkeit und das Wohlwollen der Unterprivilegierten, der Gutmeinenden, des Justemilieus. Weil die Angeklagten letztlich frei gesprochen werden, zieht er sich auch nicht die dauerhafte Feindschaft von Gruppen zu, die auf deren Seiten stehen. „Zufrieden konnte er daher seine Kavalierstour antreten, die übliche Bildungsreise junger Adliger in den Osten, auf der sie die historischen Stätten Griechenlands zu besichtigen und bei einem ausgewiesenen Rhetoriklehrer Unterricht zu nehmen pflegen." (Jehne, M., a. a. O., S. 19)

Abbildung 3: Gaius Julius Caesar, am Anfang seiner Karriere

Eine Episode aus den Jahren 75/74 wirft ein bezeichnendes Schlaglicht auf den kommenden Mann. „Die Geschichte handelt von einer unsanften Begegnung mit Seeräubern, und die zeigt bereits exemplarisch, was Caesar später auszeichnen wird: eine scheinbar aussichtslose Lage zu seinem Vorteil zu wenden." (Will, W., 2008, S. 23)

Unter Seeräubern: der erste große Coup

Im Spätsommer 75 reist Caesar nochmals in den Osten, um sich bei dem berühmten Rhetoriklehrer Apollonius Molon auf der griechischen Insel Rhodos weiterzubilden.

Molon geht ein exzellenter Ruf voraus. Auch ein anderer römischer Prozessredner, der um sechs Jahre ältere Marcus Tullius Cicero, war bei ihm in der Lehre gewesen, und das, so schwärmt das Publikum der öffentlichen Senatssitzungen, mit beachtlichem Erfolg. Cicero entstammt als Sohn eines erst 102 nach Rom gezogenen Ritters dem zweithöchsten Gesellschaftsstand. Deshalb hat er in seiner Jugend mit Caesar nur flüchtig Bekanntschaft gemacht. Gleichwohl ähneln sich beider Werdegänge frappant. Wie Caesar wurde Cicero hervorragend ausgebildet, und als Philosoph und Übersetzer griechischer Bücher hat er sich schon einen Namen gemacht. Und wie Caesar hat auch Cicero mit dem früheren Diktator gehadert. „Nicht, dass er Sullas Ziele ablehnte – dem Instinkt nach ist er selbst ein Konservativer. Doch das Unrecht entsetzt ihn, und die Grausamkeit schreckt ihn." (Mesenhöller, M., 2011, S. 125) Um dem Despoten aus dem

Weg zu gehen, ist Cicero vor vier Jahren nach Griechenland und Kleinasien aufgebrochen und erst 77 nach Rom zurückgekehrt. Dort und in den Provinzen bereitet er sich auf höchste politische Ämter vor. Im Moment beaufsichtigt er als Quästor in Sizilien die Getreideproduktion. Auf dem Weg zum gemeinsamen Rhetoriklehrer segelt Caesar dicht an Cicero vorbei. Für einen Besuch stehen sich die beiden nicht nahe genug.

Allein in diesem Jahr soll er noch nicht nach Rhodos gelangen. Auf der Fahrt zu der Insel in der Ägäis kapern Seeräuber das Schiff. Sie nehmen Caesar gefangen und fordern für seine Freilassung – ein junger römischer Nobilis ist einiges wert – ein Lösegeld von 20 Talenten. Caesar dünkt das zu wenig. Lachend korrigiert er sie: Sie wüssten ja gar nicht, welcher Fang ihnen ins Netz geraten sei. Er sei 50 Talente wert. Wir wissen nicht, wie die Piraten reagiert haben, werden aber bei dem Gedanken daran kein geringes Amusement verspüren. Anschließend schickt Caesar seine Begleiter an die kilikische Küste, um das Lösegeld aufzutreiben. Er selbst bleibt als Geisel zurück.

Plutarch zufolge gibt sich Caesar während der 38 Tage seiner Gefangenschaft als leutseliger und amüsanter Zeitgenosse. „Dabei trieb er es in seinem Hochmut so weit, daß er ihnen Befehl schickte, sich ruhig zu verhalten, wenn er schlafen wollte. (…) Er verfaßte Gedichte und Reden, und las sie ihnen vor, und wenn sie ihm keine Bewunderung zollten, schalt er sie unverblümt Barbaren ohne Bildung und Kultur. Oft stieß er lachend die Drohung aus, er werde sie aufknüpfen lassen – und die Kerle hatten ihre Freude dran, hielten sie ihn doch für einen harmlosen, lustigen Patron, der die losen Reden nicht lassen könne." (Plutarch, a. a. O., S. 136)

Als dann aber die 50 Talente gezahlt sind und er an der Küste auf freien Fuß gesetzt wird, bringt er sogleich eine Flotte zusammen und setzt den Piraten hinterher. Einen Teil der Piratenschiffe lässt er versenken. Die überlebenden Seeräuber werden gefangen genommen und nach Pergamon gebracht. Caesar, offenbar doch tiefer gekränkt, als er sich hat anmerken lassen, ersucht den Statthalter von Bithynien um Genehmigung zu ihrer Hinrichtung. Der lehnt angesichts des für Sklaven erzielbaren Preises ab. „So agiert Caesar weiter auf eigene Faust. Bevor eine Anordnung des Statthalters eintreffen kann, gibt er den Befehl, alle Gefangenen zu kreuzigen. Er selbst kehrt seine Milde heraus, denn er lässt die Piraten erdrosseln, bevor sie ans Kreuz geschlagen werden." (Will, W., 2008, S. 26) So viel dazu, wie ernst man Caesars Wort nehmen sollte.

KAPITEL 2

Alles oder nichts

cursus honorum und erstes Triumvirat

Im Sommer des Jahres 74 v. Chr. sitzt Julius Caesar im Schatten einer großen Platane in einem Garten auf Rhodos und lauscht den Ausführungen eines älteren Mannes. Dessen Toga weist ihn als Eruditus aus, als Gelehrten. Hin und wieder ritzt Caesar einen Merksatz in eine ledergebundene Wachstafel. Er hat viele Monate auf den Abschluss seiner Ausbildung warten müssen. Nun verleiht Apollonius Molon der Redekunst des 26-Jährigen den letzten Schliff.

Um mit Worten zu überzeugen, so lehrt der Rhetor, müsse man frei reden, denn jede schriftliche Gedankenstütze mindere die Glaubwürdigkeit des Gesagten. Man stehe in aufrechter Haltung und zum Publikum gewandt, die Hände ruhig, das ziehe die Blicke an und unterstreiche die Selbstsicherheit des Redners. Seine Sprache sei schlicht, allen Zuhörern verständlich und ohne jeglichen Schwulst und Pathos.

Der Schüler hebt den Kopf. Das ist neu. Seit mehr als 100 Jahren befleißigen sich die Redner im ganzen Römischen Reich des asianischen Stils. Dieser verlangt kunstvoll ziselierte Sätze, langatmige Ausschmückungen und extravagante Redewendungen, was das Zuhören erschwert und die Argumente ihrer Kraft beraubt. Caesar hört konzentriert zu, dann setzt er zu einem Vortrag an: klare Botschaft, kurze Sätze, eingängige Sprache. Obwohl bereits ein versierter Redner, lässt ihn Molon den neuen Stil wieder und wieder üben. „Erst wenn Theorie und Praxis in eine perfekte Harmonie gebracht werden, erntet der Redner die Belohnung für sein ganzes Studium." Mit diesen Worten wird Quintilian (1920, S. 419, übersetzt vom Verf.) im ersten nachchristlichen Jahrhundert die Lehrmethode des Meisters beschreiben.

Im Herbst schließt Caesar seine Rhetorikausbildung ab und segelt zurück nach Rom. Alles in ihm strebt zu den großen Dingen, zur Staatsführung, allein er ist noch zu jung: Um für die vorgeschriebene Ämterlaufbahn zugelassen zu werden, muss ein Bürger Roms wenigstens das dritte Lebensjahrzehnt vollendet haben. Caesar aber zählt erst 26 Jahre. Er muss seine Ungeduld zügeln.

Wahl in das Collegium Pontificum

Auf dem Kapitol erfährt Caesar, dass er zwischenzeitlich für das *Collegium Pontificum* nominiert und dort aufgenommen worden ist. Als oberste Justizbehörde Roms ist das schmale Gremium – Sulla hat die Anzahl seiner Mitglieder auf 15 begrenzt – sowohl für die Überwachung der religiösen Vorschriften *(ius sacrum)* als auch für die Einhaltung des profanen Gewohnheitsrechts *(ius)* zuständig. Sowohl die Pontifices als auch ihr Vorsteher, der *Pontifex maximus,* werden auf Vorschlag gewählt. Ihre Aufgaben sind prestigeträchtig, daher sind die wenigen Posten bei den Angehörigen der politischen Führungsschicht begehrt.

Zufrieden registriert Caesar, dass die Oligarchen ihm seinen Konflikt mit Sulla nicht nachzutragen scheinen: „Daß Caesar als Nachfolger seines verstorbenen Onkels Gaius Aurelius Cotta von einem Kollegium auserwählt wurde, in dem die Creme des sullanischen Establishments vereinigt war, wirft ein bezeichnendes Licht auf die Verbindungen und den Ruf des jungen Mannes." (Jehne, M., 1997, S. 20) Die frevelhafte Entführung in Kleinasien, seine Lässigkeit angesichts tödlicher Gefahr und sein entschlossenes Handeln haben sich wie ein Lauffeuer herumgesprochen. Es sieht so aus, als habe er sich damit alte Gegner zu neuen Freunden gemacht. Anfang 73 bestätigt das Volk die Wahl des Patriziers Caesar in das *Collegium Pontificum*.

Der Spartakus-Aufstand

In diesem Jahr brechen einige Dutzend Gladiatoren unter Führung des Thrakers Spartakus aus einer Gladiatorenschule aus. Damit beginnt der berühmteste Sklavenaufstand der Antike. In kurzer Zeit schließen sich 120 000 Sklaven, landlose Bauern und schlecht bezahlte Tagelöhner der Revolte an, „ein beredtes Zeichen dafür, dass die Krise der Römischen Republik nicht nur eine politische, sondern auch eine wirtschaftliche und soziale war." (Baltrusch, E., 2004, S. 23) Die Aufständischen kämpfen für ihre Freiheit, wenigstens aber für bessere ökonomische Verhältnisse. Zwei Jahre wird es dauern, bis die von Crassus geführten Legionen der Rebellion Herr werden und grausam Rache nehmen. Aber erst der aus Spanien herbeigeeilte Pompeius wird sie 71 endgültig niederschlagen. Als Konsuln beseitigen Crassus und Pompeius anschließend jene Gesetze Sullas, welche die Politik der Popularen behindern. Darüber geraten sie in Streit und sind von nun an verfeindet.

In den vier Jahren zwischen 73 und 70, in denen Caesar zwar ein angesehener Pontifex ist, aber kein öffentliches Amt bekleidet, setzt er sich für die von Sulla beschnittenen Rechte der Volkstribune ein. So verwendet er sich für die Rückkehr der ins Exil verbannten Anhänger des Aufrührers Marcus Aemilius Lepidus, darunter der Bruder seiner Frau Cornelia. Die konservativen Patriarchen runzeln die Stirn – immerhin hatte Lepidus die Waffen gegen die *res publica,* die römische Ordnung, erhoben –, aber sie entschuldigen Caesars Bemühungen: Er sei nun einmal seiner Familie gegenüber verpflichtet. Und Solidarität mit seinen Verwandten kann kaum jemandem zum Vorwurf gemacht werden.

Tatsächlich geht es Caesar keineswegs um die Gunst der Popularen. Ihn treibt etwas anderes an: Ebenso wie vor ihm Sulla hat er die Brüchigkeit der alternden Republik und die in ihr wohnende, latent revolutionäre Stimmung erkannt. Obgleich er sich für die Revision der sullanischen Ordnung ausspricht (Baltrusch, E., a. a. O., S. 44), ist ihm doch die rigorose Unterdrückungspolitik des Diktators zutiefst verhasst. Im sechs Jahre älteren Gnaeus Pompeius, herausragender Krieger und Konsul des Jahres 70, glaubt er einen Gleichgesinnten gefunden zu haben. Der revanchiert sich, indem er die Quästur Caesars unterstützt, als dieser das dafür nötige Mindestalter erreicht.

Auf dem Weg: der cursus honorum

Seit 180 v. Chr. ist es in der römischen Republik Gesetz *(lex villia annalis)*, dass junge Männer mit politischen Ambitionen unterschiedliche politische Ämter bekleiden und nach einer festen Reihenfolge durchlaufen müssen. Vor zwölf Jahren hatte Sulla in der *lex de magistratibus* die Regeln der Laufbahn reformiert und verbindlich festgelegt. Dieser *cursus honorum* verdient einige erläuternde Worte (vgl. Bleicken, J., 1993).

Jeder der zwanzig Anwärter auf höchste politische Ämter beginnt auf der niedrigsten Stufe in der *Quästur*. Die Behörde ist für die Staatskasse zuständig, darum verwalten die Quästoren die Finanzen, betreuen das Staatsarchiv, organisieren das Abgabenwesen und treiben Steuern und Pachten ein. Die Quästur ist eine Eingangsstation, und sie kann bei der Administration in Rom oder in einer der Provinzen an der Seite des Statthalters absolviert werden. Nach einem Jahr dürfen sich die Quästoren um eines der beiden nächsthöheren Ämter bewerben. Das sind die Ädilität und das Volkstribunat.

Seit Sullas Reformen hat ein Quästor nach Vollendung seines Amtsjahres das Recht auf einen Sitz im Senat. Senator bleibt ein Römer in der Regel auf Lebenszeit. Die von der

Anzahl her begrenzten Sitze im Senat stehen freilich nicht nur denen zu, die den *cursus honorum* durchlaufen. Es werden auch Männer ausgewählt, die eine hohe Magistratur inne oder sich auf andere Weise besonderes Ansehen verschafft haben.

Wer sich als Quästor erfolgreich um einen der vier Posten in der Ädilität beworben hat – zwei davon gehen stets an den Plebs –, kontrolliert die Getreide- und Wasserversorgung, verwaltet die öffentlichen Liegenschaften, hat die Markt- und Straßenaufsicht sowie die Polizeigewalt in den Stadtgrenzen Roms. Die Ädile organisieren auch die Festspiele; das sichert ihnen den Beifall des Volkes. Ein Ädil muss mindestens 37 Jahre alt sein. Auf der gleichen Ebene im *cursus honorum* stehen die zehn Volkstribune; diese Ämter stehen allerdings nur den Plebejern zu.

Schon auf dieser Stufe ist die stetige Verengung der Ämterlaufbahn zu erkennen. Von 20 mit großen Hoffnungen auf den Weg geschickten Quästoren gelingt nur zweien der Aufstieg zum Ädil. Die anderen bleiben auf der Strecke. Ein den Fortgang der Geschichte vorwegnehmender Hinweis: Nur Ausnahmepolitikern wie Cicero und Caesar ist es gelungen, alle Ämter *suo anno,* also im frühestmöglichen Alter zu bekleiden.

Nach einem Jahr Dienstzeit als Ädil und drei Jahren Wartezeit bis zur nächsten Bewerbung winkt Männern, die wenigstens 40 Jahre alt sind, die Gerichtsmagistratur

(Prätur). Die acht Prätoren werden vom Volk für die Dauer von einem Jahr gewählt. Ihnen obliegt die Rechtsprechung einschließlich der Verhängung von Kapitalstrafen, und das nicht nur in der Stadt, sondern auch in den römischen Provinzen. Darüber hinaus ist die Prätur mit einem „Imperium" ausgestattet. Das bedeutet, dass ihre Inhaber auswärts als Feldherren und als Statthalter fungieren dürfen. Schließlich teilen sie sich mit den Konsuln das Recht, den Senat und Volksversammlungen einzuberufen.

Im Anschluss an die Prätur und an das Konsulat ist eine Statthalterschaft von einem oder zwei Jahren Dauer in einer der Provinzen vorgeschrieben *(Promagistratur).* Ehemalige Prätoren regieren dort als Gouverneure ohne, frühere Konsuln mit militärischem Kommando. In der späten Republik öffnet die Herrschaft über eine Provinz zwei höchst willkommene Chancen. Frühere Konsuln können mit siegreichen militärischen Operationen ihren Ruhm mehren und darauf hoffen, bei ihrer Rückkehr nach Rom von einem Triumphzug empfangen zu werden. Prätoren im Wartestand ist diese Möglichkeit verwehrt. Dafür können auch sie sich, am einfachsten durch die Erhebung zusätzlicher Regionalsteuern, erheblich bereichern. Die Ansammlung eines veritablen Vermögens in dieser Zeit ist sogar geboten, denn wie alle anderen Ämter auf dem *cursus honorum* wird das eines Konsuls nicht entlohnt. Im Gegenteil: Es wird erwartet, dass die Amtsträger eigenes Vermögen in den Staatshaushalt einbringen.

Das *Konsulat,* also das Amt oder die Amtszeit eines Konsuls, ist die höchste zivile und militärische Rangstufe der Ämterlaufbahn. Wenn ein Bürger als erstes Mitglied seiner Familie das Konsulat erreicht, so kommt dies einer Aufnahme in die römische Nobilität gleich: Der Konsul und seine direkten Nachfahren sind damit faktisch geadelt. Das Konsulat ist vor allem ein politisches Amt, denn die Verwaltungsarbeit wird in den Magistraten geleistet. Die Konsuln haben den Vorsitz im Senat inne, sie wechseln sich darin monatlich ab. Im Kriegsfall kommandieren sie im täglichen Wechsel des Oberbefehls das Heer – so nicht jeder Konsul ein eigenes befehligt, was durchaus keine Seltenheit ist.

Politische Einflussmöglichkeiten nach und neben dem Konsulat

Nicht nur das Jahr als aktiver Konsul macht das Amt so erstrebenswert, sondern vor allem der Umstand, dass man erst als ehemaliger Konsul zur Machtelite zählte. Die früheren Konsuln (Consulares) bilden eine sehr einflussreiche Gruppe im römischen Senat. Denn einher mit dem Konsulat geht nach dem Gesetz eine fünfjährige Bestellung zum Provinzstatthalter. Während dieser Zeit sind sie gegen Anklagen geschützt. Zusammen mit den ehemaligen Censoren bilden die Consulares daher die oberste Rangklasse der Senatoren. Sie gelten als die höchsten Autoritäten und werden bei Diskussionen im Senat stets als erste um ihre Meinung gebeten.

Vor Sulla galt die Regel, dass zwischen zwei Konsulaten zehn Jahre eingeschoben werden sollen. Schon vor Caesars Geburt wurde die Regelung jedoch mehrfach verletzt. So war Gaius Marius von 107 v. Chr. an sechsmal in Folge Konsul (siehe S. 20).

Nur angesehene Senatoren, in der Regel frühere Konsuln, dürfen sich um das renommierte Amt eines Censors bewerben. Es steht außerhalb des *cursus honorum,* seine Inhaber werden für fünf Jahre statt nur für eines gewählt.

Die politische Reichweite eines Censors ist groß. Ihre wichtigste Aufgabe ist der *census,* also die Zählung der Bürger, die Feststellung ihrer Vermögen und, davon abhängig, ihre Zuweisung zu einer bestimmten Wählerklasse. Bei sittlichen Verfehlungen mahnen die Censoren oder vergeben förmliche Tadel, sie dürfen einen Bürger auch deklassieren. Weil die Klassenzugehörigkeit über das Gewicht einer Bürgerstimme in der Volksversammlung entscheidet, liegt hier ein erster Hebel der Macht. Einen zweiten liefert ihre Befugnis, allein über die Aufnahme von Bürgern in den Ritterstand und in den Senat zu entscheiden.

In wirtschaftlicher Hinsicht können Censoren ebenfalls viel bewegen. Sie allein dürfen staatliche Einnahmequellen wie Steuern und Schürfrechte verpachten und staatliche Aufträge, zum Beispiel zur Erhaltung öffentlicher Gebäude oder zur Ausrichtung von Zirkusspielen, an Unternehmer vergeben. Die nahe liegende Gefahr der Korruption soll der Rechtsgrundsatz *pacta sunt servanda* bannen: Selbst bei nachgewiesener Bestechlichkeit im Amt bleiben die Verträge bestehen. Bei Aufdeckung eines Vergehens wird nur der bestochene Censor bestraft, nicht aber der bestechende Auftragnehmer.

Caesar wird Quästor und anschließend Senator

Nach unserem kurzen Ausflug an den Gipfel der Macht zurück zu Caesar, der vermutlich im Jahr 69 v. Chr. zum Quästor gewählt wird. Kurz danach stirbt seine Tante Iulia, die Witwe des Marius, und seine Frau Cornelia folgt ihr nach. Caesar richtet für beide auf dem Forum spektakuläre Leichenbegängnisse aus – der für das nächste Jahr gewählte Konsul Crassus stellt die Finanzierung sicher –, und er hält auch die Grabreden. Das wird Tagesgespräch am Tiber, denn Leichenreden für Frauen sind unüblich, Ausnahmen werden höchstens beim Tod hochbetagter Aristokratinnen gemacht. „Daß Caesar gleich für zwei Frauen ein solches Leichenbegängnis veranstaltete, das ja infolge der üblichen Bankette und Leichenspiele beträchtliche Kosten verursachte, zeigt die Entschlossenheit, mit der er jede Profilierungsmöglichkeit nutzte." (Jehne, M., 1997, S. 24) Das Volk wertet den großzügigen Akt als Zeichen der Zuneigung und Liebe zu seiner verstorbenen Ehefrau und schätzt Caesar umso mehr.

Die Quästur verbringt er als Gehilfe des römischen Statthalters in Südspanien, wo er die Feldkasse verwaltet und im Gerichtswesen tätig ist. Ein Jahr später kehrt er nach

Rom zurück. Er heiratet Pompeia, eine Enkelin Sullas und eine Verwandte des Pompeius. Seine Wahl zeigt politisches Gespür. Denn natürlich erfreut sie Pompeius, der wieder im Osten im Krieg steht. Sie entlastet ihn gleichzeitig von dem Verdacht, den Populares allzu nahe zu stehen.

Nach Abschluss der Quästur ist Caesar 32 Jahre alt und ordentliches Mitglied im Senat, der wichtigsten Körperschaft der römischen Republik. Das bedeutet freilich nicht, dass er dieselben Rechte hat wie alle anderen Senatoren. Denn auch im Senat gibt es Rangklassen, und die Quästoren gehören zur untersten. „In der Praxis hieß das, daß man als Quästorier mit großer Wahrscheinlichkeit nie im Senat eine Rede hielt, sondern nur einer der vorgestellten Entscheidungsempfehlungen beitrat", schreibt Martin Jehne (1997, S. 23) und schlussfolgert: „Wer also nicht sein Leben lang Stimmvieh bleiben wollte, mußte in der Ämterlaufbahn weiter kommen, und wer die Politik wesentlich beeinflussen wollte, musste Consul werden."

Panem et circensis – Caesar macht sich das Volk geneigt

65 v. Chr. wird Caesar Ädil, und in Anbetracht der Tatsache, dass nur zwei dieser Posten an Patrizier zu vergeben sind, ist dies sein erster großer Wahlerfolg. Sein Ruf als kommender Mann hat sich bestätigt. Dazu trägt Caesar selbst einiges bei, vor allem reichlich Geld aus seiner Privatschatulle sowie der des Marcus Licinius Crassus. Auf eigene und auf Crassus' Kosten organisiert Caesar als der für Festspiele

verantwortliche Ädil öffentliche Theateraufführungen, Tierhetzen, Gladiatorenkämpfe und Wagenrennen im Zirkus. Seine außergewöhnlich prachtvollen Feste und öffentlichen Speisungen werden weithin gerühmt. Alles andere als zufällig, kann er sich dafür der Dankbarkeit und dem Beifall des Volkes sicher sein.

Bis zur Bewerbung für das nächsthöhere Amt als Prätor muss Caesar drei Jahre warten. In dieser Zeit, das weiß der Pontifex, darf er nicht in Vergessenheit geraten. Also sorgt er mit Reden im Senat und mit durchaus provokanten Taten dafür, dass er Stadtgespräch bleibt. Unter anderem lässt er in einer Nacht-und-Nebel-Aktion die Siegesdenkmäler für seinen Onkel Marius, die Sulla abzureißen befohlen hatte, wieder errichten. Das Volk jubelt, die alten Familien sind erneut beunruhigt, verbuchen die Tat aber unter Familienpflichten und sehen schließlich darüber hinweg.

Vom Pontifex maximus zum Prätor

Zwei Jahre später macht Caesar erneut von sich reden. An Berufserfahrung und Lebensjahren ist der junge Römer noch nicht weit genug gekommen, um das Volk um seine Bestellung zum Prätor zu bitten. Doch da stirbt der Vorsteher des *Collegium Pontificum,* dem Caesar seit elf Jahren angehört. Nur die amtierenden Pontifices können sich um seine Nachfolge bewerben. Das hohe Amt wird auf Lebenszeit vergeben. Schon geben zwei frühere Konsuln, gut beleumundete Männer von bestem Ruf und hohem Alter, ihr Interesse zu

erkennen, da meldet ein dritter selbstbewusst (sagen die
einen) oder unverfroren (sagen die anderen) seine Kandida-
tur an: der gerade erst 37-jährige Gaius Julius Caesar.

Mit ungeheuren Summen Geld, auch dem seines Gönners
Crassus und anderer Darlehensgeber, und mit einer Vitali-
tät, wie sie in Rom selten gesehen wird, bestreitet Caesar
den Wahlkampf. Er macht dem Volk viele Geschenke, doch
Vorwürfe wegen verbotener Wahlbestechung werden nicht
laut, schließlich zieht er hieraus keinen materiellen Vorteil.
Caesar muss auch kein Wahlprogramm vorlegen oder gar
verteidigen. Das Volk entscheidet nach Sympathie und Auftreten. „Wer es verstand, den Eindruck zu erwecken, daß er
den jovialen Umgang mit dem Volk wirklich ehrlich und
aufrichtig meinte, war besonders populär und besaß glän-
zende Wahlchancen", urteilt Martin Jehne (1997, S. 29)
und setzt mit einem Ausrufezeichen hinzu. „Und auf diesem Felde war niemand Caesar gewachsen!"

Abbildung 4: Wagenrennen im Circus maximus

Manche Menschen laufen unter Druck zur Höchstform auf. Und unter Druck, diese Wahl zu gewinnen, steht Caesar wirklich. Als Verlierer wäre er kaum zum Prätor gewählt worden. Damit wäre sein *cursus honorum* vor Erreichung der Zielgeraden beendet gewesen. Außerdem hat er aus seiner Zeit als Ädil und im Wahlkampf einen Berg von Schulden angehäuft. Ohne eine realistische Chance, seine Gläubiger zufriedenzustellen, bliebe nur der Selbstmord oder der Gang ins Exil. Daher setzt Caesar alles auf eine Karte und macht im Sommer 63 die Sensation perfekt: Der politisch Halbwüchsige schlägt die beiden ehrwürdigen Consulares aus dem Feld und wird auf Lebenszeit *Pontifex maximus.* „Caesar's victory thrust him dramatically into the spotlight, suggesting a political rise of extraordinary speed and Success," beschreibt der amerikanische Althistoriker Erich S. Gruen (2009, S. 23) die *sensation du jour* in Rom. Schon am Tag darauf bezieht Caesar die offizielle Residenz des *Pontifex maximus* hoch oben auf dem Forum. „It is tempting to see in this audacious accomplishment (as many have) a sign that Caesar cared little for Republican convention and set his path firmly on a precedent shattering career."

Die Catilinarische Verschwörung

Am 1. Januar 62 v. Chr. tritt Caesar nach der nächsten gewonnenen Wahl sein Amt als Prätor an. Es ist keine gute Zeit für Rom, auf dessen Hügeln und Hängen sich nun mehr als eine Million Einwohner drängen. In den Provinzen herrscht weitgehend Ruhe, die Hegemonialmacht Roms wird nicht infrage gestellt, und wo das zu befürchten ist, stellt Heerführer Pompeius die Ordnung wieder her.

Roms wirklicher Feind steht im Inneren. Die wirtschaftliche Lage ist desaströs. Der Handel geht immer weiter zurück, und der hieraus resultierende Verlust an Steuereinnahmen hat die Verschuldung vieler einst wohlhabenden Familien auf ein existenzbedrohendes Maß erhöht. In der Stadt herrscht Arbeitslosigkeit. Der Senat ist unfähig oder unwillig, eine Lösung zu finden. Das Volk sehnt sich nach einem Helden wie Pompeius. Doch der kämpft nach wie vor im Osten.

In dieser Situation kommt es zu einem Aufruhr, der die Grundfesten Roms erschüttert. Im Zentrum stehen zwei Männer: Lucius Sergius Catilina, ein Aristokrat am Rande des finanziellen Abgrunds, und der uns bereits bekannte Marcus Tullius Cicero. Er hat inzwischen als ein begnadeter Redner, Dichter und Philosoph über die Grenzen Roms hinaus Berühmtheit erlangt. Und er ist einer der beiden amtierenden Konsuln.

Diese beiden Männer geraten nun aneinander, weil Cicero ein von Catilina ausgehecktes Komplott aufgedeckt hat. Unter Einsatz einer außerhalb Roms wartenden Geheimarmee sieht es die Ermordung mehrerer gewählter Amtsträger vor, darunter auch die Tötung Ciceros, und das Niederbrennen der Stadt selbst. Wenn sich der Rauch über den Trümmern verzogen habe, so der Plan, wären alle ihrer Schulden ledig – sowohl die Armen als auch die Reichen. Möglicherweise, so Ciceros Anschuldigung, wolle sich Catilina inmitten des zu erwartenden Chaos auch an die Spitze des Staates putschen. Schon lange warnt er vor dem unbändigen Catilina. Während Cicero an die Herrschaft des Gesetzes und der Verfassung glaubt, sieht sich Catilina als Fürsprecher der Armen und der Besitzlosen und leitet daraus ein der Verfassung übergeordnetes Naturrecht ab. Die Historikerin Mary Beard (2015, S. 28) erkennt darin einen Zusammenstoß zwischen „politischen Ideologien und Ambitionen": In Gestalt von Cicero und Catilina prallen die beiden Institutionen Roms, der Senat und das Volk, verkörpert im Hoheitszeichen der Stadt S.P.Q.R. *(Senatus Populusque Romanus),* mit der Macht eines nicht vom Ausbruch abzuhaltenden Vulkans aufeinander.

Die Aufdeckung der Tat

Bei seiner Verteidigung vor dem Senat leugnet Catilina den Verrat, attackiert Cicero mit scharfen Worten, bietet aber an, sich in dessen Villa unter Hausarrest zu stellen. Der Senat verzichtet darauf – ein Fehler. Denn kaum hat Catilina das Senatsgebäude verlassen, rufen er und seine Komplizen in der ganzen Stadt zu Aufständen auf. Noch in derselben Nacht flieht Catilina mit 300 Mann nach Etrurien, um sich dort einem Mitverschwörer anzuschließen. Der Senat erfährt davon und erklärt beide Männer zu Staatsfeinden. Als Cicero dann noch glaubwürdige Zeugen für das Komplott präsentieren kann, werden die in Rom verbliebenen Verschwörer verhaftet. In einem ihrer Häuser werden Speere, Messer und Schwerter gefunden.

Und was macht Caesar? Er kennt Catilina – flüchtig, wie er sagt. Andere behaupten, die beiden seien befreundet. In der vom Fieber ergriffenen Stadt macht das Gerücht die Runde, Caesar sympathisiere mit den Umstürzlern. Es wird noch genährt, als er bekannt gibt, Catilina vor dem Senat verteidigen zu wollen. War Caesar also eingeweiht? Hat er womöglich mit Catilina konspiriert? Die Altertumswissenschaftlerin Helga Gesche hat sich intensiv mit den schriftlichen Zeugnissen aus dieser Zeit beschäftigt. Sie kommt zu dem Schluss, dass „(…) eine Verwicklung Caesars in die Ereignisse 66/65 (…) als unwahrscheinlich und als Erfindung späterer gegnerischer Propaganda erscheinen läßt." (1976, S. 27).

Der Prozess

Am 5. Dezember 63 v. Chr. tritt der Senat zusammen, um über die Bestrafung der fünf inhaftierten Verschwörer zu beraten. Sämtliche Senatoren mit Ausnahme von Caesar unterstützen die Forderung Ciceros, Catilina und seine Komplizen stante pede und ohne Gerichtsverfahren hinzurichten. Diese Maßnahme sei durch die konsularischen Eingriffsrechte im Notfall legitimiert. Caesar hält mit Verweis auf das in der Verfassung niedergelegte Recht dagegen: Danach dürfen Todesurteile nur vom Volk gefällt werden. Er weiß, dass er damit einen wunden Punkt trifft – die

Furcht der Politiker vor dem Volk. Caesar schlägt vor, die Rebellen bis zum Prozess in andere Städte auszuweisen – noch sind Gefängnisse unbekannt – und ihr Vermögen einzuziehen.

Abbildung 5: Catilinarische Verschwörung – Prozess im Senat

Die Senatoren geraten sichtlich ins Nachdenken. Der erste erhebt sich und erklärt seine vorherige Zustimmung zur Todesstrafe als missverständlich: Eigentlich habe er die Verbannung gemeint. Andere schicken sich an, ihm beizupflichten, als Marcus Porcius Cato, bekannt als Cato der Jüngere, das Wort ergreift. Er ist kein Freund Caesars und gehört zu den Optimaten, der konservativen Fraktion im Senat. In einer mitreißenden Rede wirbt er für die Position des Cicero – die augenblickliche Vollstreckung der Todesstrafe. „Cato (…) geißelt die Schlappheit des Senats, den Verrat an den alten Sitten, die ewige Kompromisslerei. Fordert im Namen des Senatsadels und der Freiheit, ein

Exempel zu studieren. Jetzt. Und gerade dem Volk gegenüber." (Mesenhöller, M., 2011, S. 123)

Senator um Senator erhebt sich und gibt seine Stimme ab – für Cato. Cicero spricht das Urteil. Die fünf Todgeweihten werden in das Tullianum gebracht, ein antikes Gebäude auf dem Forum, das einst als Brunnenhaus gedient hat. Dort werden sie von einem Henker mit einer Schlinge erdrosselt. Cicero, der vom draußen wartenden Sprechchor als *Pater Patriae,* als „Vater des Vaterlandes" bejubelt wird, ruft dem Volk ein einziges Wort zu: „Vixere!" Die Menge weiß, was das heißt: „Sie haben gelebt!" (Mesenhöller, M., 2011, S. 123)

Mit seinem Auftritt im Senat hat Caesar so eindeutig seine politische Präferenz bewiesen, dass die Bewahrer der alten Ordnung das nicht mehr als harmlose Profilierungsaktion durchgehen lassen können. Nach stadtläufiger Ansicht hat er sich als unsicherer Kantonist erwiesen. Beim Volk jedoch nimmt sein Ruf keinen Schaden. „Im Senat ging er durch diese klare Positionsbestimmung als Popular persönliche Risiken ein, die *plebs* liebte ihn jedoch dafür – und das hatte für ihn größere Bedeutung." (Baltrusch, E., 2004, S. 46)

Nachzutragen bleibt, dass die Begeisterung über Ciceros Entschlusskraft nur von kurzer Dauer sein wird. Viele Römer beginnen, seine radikale Anwendung der konsularischen Exekutivbefugnisse infrage zu stellen, eine Entscheidung, die eindeutig gegen das Recht einer Person auf ein faires Verfahren verstößt. Selbst im hohen Alter wird Cicero noch ein entschiedener Verfechter der Republik und ihrer Ideale sein. Leider macht er sich damit Feinde. Fast auf den Tag genau 20 Jahre nach dem Urteil in der Causa Catilina wird Cicero gefangengenommen und enthauptet.

Statthalter in Spanien und erstes Konsulat

Im Sommer 63 v. Chr. wird Caesar zum Proprätor für das nachfolgende Jahr gewählt und als Statthalter von Hispania ulterior (Spanien) bestimmt. Der neue Kalender beginnt mit einem Ansturm seiner auf Erfüllung ihrer Forderungen drängenden Gläubiger – Crassus hilft ihm aus der selbst für römische Maßstäben gewaltigen Geldnot, Sueton spricht von 25 Millionen Denare (vgl. Gesche, H., 1976, S. 38) –, gefolgt von seiner Scheidung von Pompeia – ein durch sie ausgelöster gesellschaftlicher Skandal gefährdet seinen Ruf –, und es endet mit einer prall gefüllten Geldschatulle in einem Militärzelt an der Grenze zum heutigen Portugal, wo er im Feldkampf gegen die aufrührerischen Lusitaner ein weithin beachtetes strategisches Können an den Tag legt. Damit erfüllt er alle Voraussetzungen, um sich um das höchste Staatsamt, das Konsulat, bewerben zu können.

Bis hierher folgt Caesars Aufstieg dem Ideal der römischen Nobilität. Seine militärischen Erfolge in der Provinz sind anerkannt, doch dabei hat er nie den Kontakt zu den Reichen und Mächtigen in Rom aus dem Blick verloren. Er hat sich ein politisches Profil zugelegt, ohne sich dabei allzu viele und vor allem keine wichtigen Feinde zu machen. Der Senat würdigt seine Worte und hört auf ihn, von Intrigen und Kabalen hält er sich aber fern. Er ist der Liebling des Volkes, ohne deshalb bei den führenden Familien in Ungnade gefallen zu sein. Also alles richtig gemacht. Kein Fehl, kein Tadel? Nun gut, er kann offenbar nicht mit Geld umgehen. Doch wozu gibt es Bankiers?

Böse Zungen mögen den jetzt fast 40-jährigen Caesar einen karriereorientierten Opportunisten heißen, vielleicht sogar einen Hasardeur. Aber das wäre zu kurz gedacht. Das nämlich hieße Caesars einzigartigen strategischen Weitblick, sein diplomatisches wie militärisches Geschick und vor allem seinen unerschütterlichen Glauben an sich entschieden zu verkennen. „Was (...) bei Caesar neu, jedenfalls aber außergewöhnlich gewesen zu sein scheint, war die Höhe seines Einsatzes", hebt auch Martin Jehne (a. a. O., S 34) hervor. „Er scheint so unerschütterlich an seine überlegenen Talente und an sein Glück geglaubt zu haben, daß dieser Einsatz für ihn nur konsequent war. Er spielte alles oder nichts, aber er scheint nie daran gezweifelt zu haben, daß er gewinnen würde."

Erstes Triumvirat oder die strategische Partnerschaft mit Crassus und Pompeius

Um rechtzeitig zu den Konsulatswahlen nach Rom zu gelangen, bricht Caesar kurz vor dem Ablauf seiner Amtszeit als Proprätor in Spanien auf. In der Montur eines siegreichen

Feldherrn reitet er an der Spitze seines Gefolges an einem frühsommerlichen Morgen des Jahres 60 v. Chr. über die Via Appia zum Forum Romanum hinauf. Er hat sich aufgrund einer lächerlichen Schikane seines alten Gegenspielers Cato zwischen einem Triumphzug und dem fristgemäßen Einreichen seiner Bewerbung entscheiden müssen. „Es wird andere Triumphzüge geben", mag er sich trösten. Caesar blickt nicht zurück, sondern nach vorne. Er ist jetzt 40 Jahre alt. Sprosse um Sprosse ist er die Karriereleiter hinaufgeklettert. Er hat festen Tritt unter sich. Jetzt will er Konsul werden. Wobei ihm völlig klar ist, „(...) daß weite Kreise der optimatischen Senatsaristokratie bestrebt sein würden, seine Wahl zu verhindern; ihm mußte demnach an einer Unterstützung, die geeignet war, den optimatischen Widerstand auszugleichen, gelegen sein." (Gesche, H., 176, S. 42)

Zwei Consulares, der eine von den Patriziern und der andere von den Plebejern geschätzt, kommen ihm sogleich in den Sinn: Crassus und Pompeius, die wenn nicht zusammen, so doch in Ergänzung den Spartakus-Aufstand niedergerungen hatten und danach gemeinsam das Konsulat ausübten. Was die Sache schwierig macht: In dessen Verlauf hat sich das Führungsduo, was bis heute gar nicht selten vorkommt, heillos zerstritten.

Der selbstbewusste Caesar traut sich zu, das zu ändern. Eine von ihm vermittelte Einigung würde allen dreien zum Vorteil gereichen – zuvörderst ihm selbst. Denn gegen drei,

Abbildung 6: Erstes Triumvirat Caesar, Pompeius und Crassus

die fest zusammenhalten, würde selbst der mächtige Senat nichts ausrichten können. Und was hätte Pompeius davon? Er käme mit Unterstützung eines Konsuls Caesar seinem Wunsch näher, das von ihm in den Mithridatischen Kriegen gewonnene Land im Osten als Siedlungsgebiet an seine ehemaligen Soldaten geben zu können. Das jedoch will die römische Nobilität, die sich erbittert gegen die Kolonisation fremder Völker ausspricht, um jeden Preis verhindern (siehe Bleicken, J., 1993, S. 196).

Auch dem reichen Crassus wäre geholfen, wenn der Streit beigelegt wäre, denn er vertritt die Interessen einiger Steuerpächter, die aus der Provinz Kleinasien mehr Geld als bisher herausholen wollen. (vgl. Stähli, A., 2018, S. 36 f.) Seit Jahren sperrt sich der Senat dagegen. Als Konsul und mit Unterstützung von Pompeius könnte Caesar die Sache leicht aus der Welt schaffen. Nicht zuletzt winken Caesar selbst großzügig bemessene Kreditlinien. Letztere kämen dem chronisch klammen Politiker angesichts seiner bevorstehenden Kampagne sehr recht. Schließlich ist da noch ein Argument, das Caesar aber für sich behält: Stünden Pompeius und Crassus weiterhin auf verschiedenen Seiten, und verbünde sich Caesar nur mit einem der beiden mächtigen Männer – und angesichts deren Macht käme er gar nicht umhin –, dann würde ihm im zweiten unweigerlich ein starker Widersacher erwachsen. Dafür aber ist es zu früh.

Tatsächlich gelingt es Caesar, Crassus und Pompeius miteinander zu versöhnen. Auch der zweite Teil seines Plans geht auf: Die drei treffen eine informelle Absprache, im öffentlichen Bereich die Verfolgung ihrer jeweiligen Interessen nicht zu behindern. „Sich gegenseitig zu unterstützen erschien ihnen als der beste Weg zur Erlangung ihrer verschiedenen Ziele. Also trafen sie eine informelle Vereinbarung, Ressourcen, Macht, Beziehungen und Ambitionen gemeinsam zu nutzen, um kurzfristig – wie auch längerfristig – zu erreichen, was sie wollten." (Beard, M., 2016, S. 298) Mit dieser Vereinbarung im Rücken, bekannt als „Erstes Triumvirat", zieht Caesar in den Wahlkampf.

Cicero, mit 46 Jahren auf dem Höhepunkt seiner Kraft, weiß nur zu gut um den fragilen Zustand des Staates, an dessen Horizont sich erste Auflösungserscheinungen abzeichnen – man denke an die Aufstände des Spartacus und des Catilina. Er sorgt sich um die Republik, was für die Vermutung spricht, dass der Dreierbund erwog, ihn als Vierten im Bunde aufzunehmen. Angeblich hat Cicero abgelehnt. In einem Brief an seinen Senatskollegen Atticus gibt er aber zu erkennen, dass kein Weg an Caesar vorbeiführe, weshalb man ihn nicht ausstoßen, sondern im Gegenteil in die Staatsführung einbinden müsse. „Cicero ging selbstverständlich davon aus, dass er der Richtige sei, hier die Führungsrolle zu übernehmen." (Schauer, M., 2023, S. 269) Doch dazu kommt es nicht. Cicero wird nie wieder das höchste Staatsamt innehaben.

Gespanntes Warten auf die Wahl

Im Jahr 59 v. Chr. sind die Fronten im Senat festgefahren, die Reformation steht still, nichts bewegt sich. Gnaeus Pompeius hat in den vielen Jahren seiner Abwesenheit von Rom seine Machtbasis verloren. Anstatt ihn für seine Eroberungen im Osten und seinen Sieg über die Piraten zu feiern (vgl. Stähli, A., 2023, S. 78f.), wird der Popular von den Optimaten im Senat hingehalten. Die Daheimgebliebenen weigern sich, den von Pompeius ausgehandelten Neuzuschnitt der östlichen Provinzen zu ratifizieren. Damit wären seine militärischen Erfolge bloßer Schall und Rauch. Auf dem Spiel stünden sein Lebenswerk und sein Ruf, und Letzteres käme in Rom dem gesellschaftlichen Tod gleich. Das, so Historiker Jehne (a. a. O., S. 39), weise auf ein Dilemma der späten Republik hin: „Die gigantische Macht, die ein Mann wie Pompeius im römischen Reich angesammelt

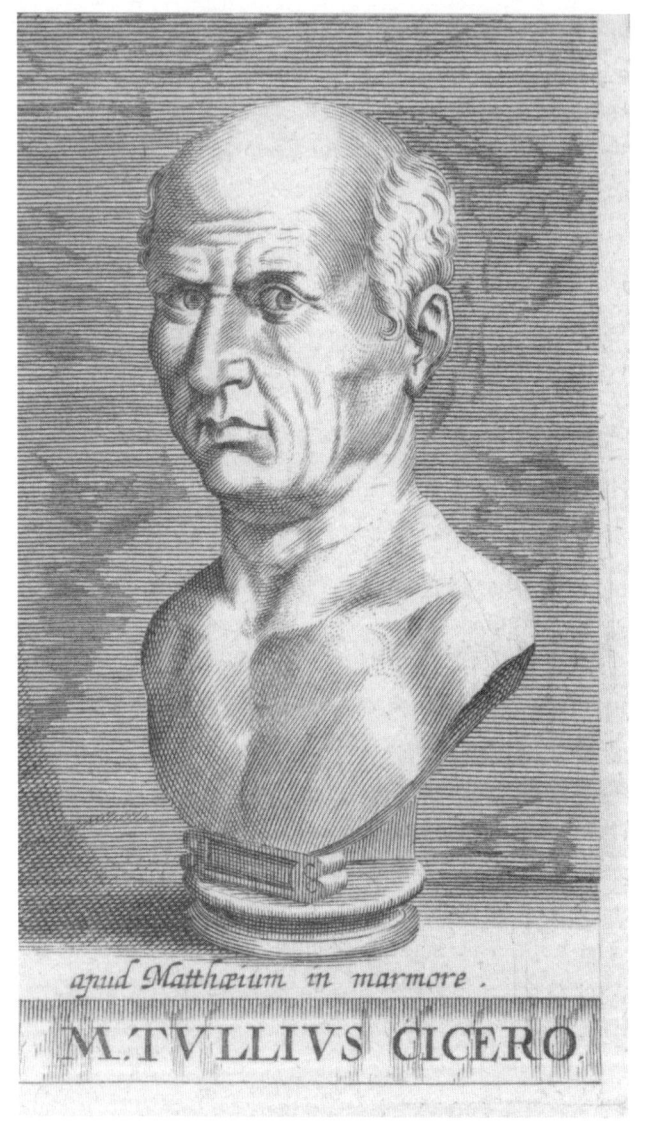

apud Matthæum in marmore.

M.TVLLIVS CICERO.

Abbildung 7: Marcus Tullius Cicero, Staatsmann, Philosoph und Schriftsteller

hatte, ließ sich nur in Maßen in die römische Innenpolitik transferieren."

Mit Marcus Calpurnius Bibulus, dem Schwiegersohn von Cato, schicken die Optimaten neben einem bloßen Zählkandidaten ausgerechnet einen langjährigen Konkurrenten von Caesar ins Rennen. Bibulus war neben Caesar der zweite bürgerliche Ädil gewesen, doch während Caesar für seine Zirkusspiele und Gladiatorenkämpfe mit Lob überschüttet worden war, hatte Bibulus im Schatten gestanden. Sie waren auch gleichzeitig Prätoren gewesen, wobei Bibulus das nämliche Schicksal beschieden war. Und nun soll sich dieser ewige Zweite das Konsulat mit Caesar teilen? Genauso kommt es. Denn beide werden gewählt.

Endlich Konsul

Zwar versucht Caesar zu Beginn seines Konsulatsjahres noch, die Gunst des Senats zu gewinnen. Doch die Traditionalisten stehen ihm feindlich gesonnen gegenüber, allen voran der uns von der Catilina-Verschwörung her bekannte Marcus Porcius Cato. Nachdem dieser dem Senat empfiehlt, ein von Caesar eingebrachtes Gesetz abzulehnen, ohne sich auch nur damit auseinanderzusetzen, und die führende Senatsgruppierung auch weiterhin keine Anstalten macht, ihre Fundamentalopposition aufzugeben, geht Caesar mit anderen Gesetzen den – nicht von der Verfassung gedeckten – Weg über die Volksversammlung. „Was dann folgte, war eines der bislang turbulentesten Jahre römischer

Innenpolitik und zugleich der Anfang vom Ende der Republik." (Jehne, M., a. a. O., S. 42) Erneut sieht sich Mitkonsul Bibulus von Caesar an den Rand gedrückt. Schmollend bleibt er künftig dem Senat fern.

Faktisch einziger Staatschef, bekommt Caesar als erstes das Gesetz über die Neuordnung im Osten im Senat durch. Damit ist Pompeius' Bedingung für den Beitritt zum Triumvirat erfüllt. Auch Crassus darf den Steuerpächtern in Kleinasien gute Nachrichten schicken. Doch nun macht Bibulus schlechte Himmelszeichen geltend und weist auf die Verfassung hin: Alle in diesem Konsulat erlassenen Gesetze seien *de lege* unrechtmäßig zustande gekommen. Es geht hoch her im Senat. Caesar und Pompeius, die beide viel zu verlieren haben, verteidigen die Gesetzgebung. Aber Caesar wird klar, dass er an die Grenzen seiner Macht gestoßen ist.

Wenig später geht Bibulus zu offener Obstruktionspolitik über. Er lässt bissige Kommentare zu politischen Entscheidungen in der Stadt aushängen, die Auspizien Warnungen verkünden, Caesar und Pompeius im Theater auspfeifen, blutjunge Senatoren im Senat mit donnerndem Applaus belohnen, während die Reden seines Mitkonsuls mit Schweigen quittiert werden. Bibulus führt ein Täter-Opfer-Spiel auf mit ihm als „armen" Opfer und Caesar als dem „bösen" Täter, und da die Masse das nicht durchschaut, wendet sich auch das Volk von Caesar ab. Sein so lang ersehntes Konsulat droht für Caesar zum Pyrrhussieg zu werden.

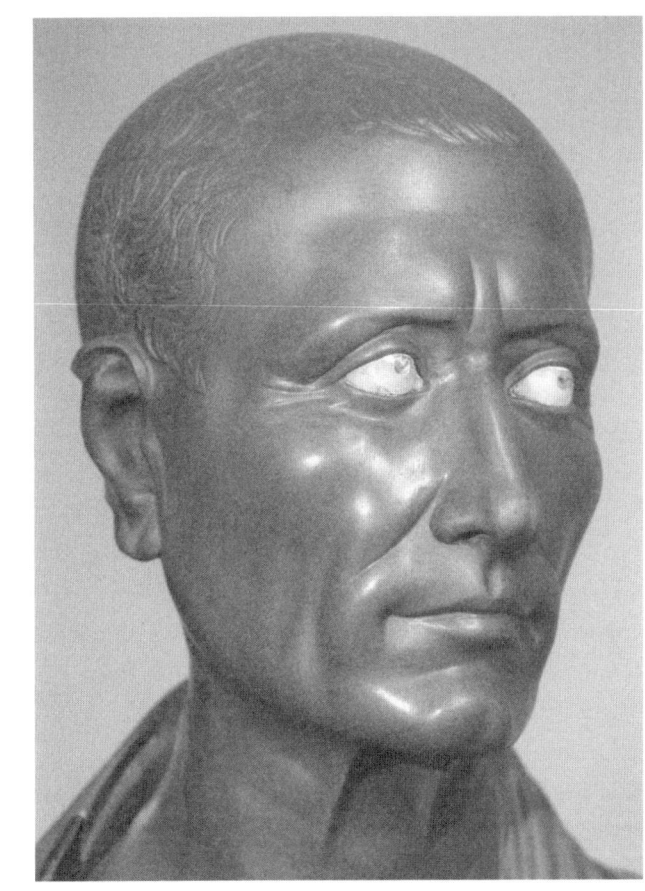

Abbildung 8: Gaius Julius Caesar als Konsul

Caesar sichert seine Macht nach dem Konsulat

Um die Verhärtung im Senat aufzubrechen, schlägt eine Gruppe besonnener Senatoren vor, Caesar ein Kompromissangebot zu unterbreiten: Er möge seine Gesetze erneut einbringen, dieses Mal würden sie ungeachtet der schlechten

Vorzeichen passieren. Caesar ahnt die Falle: „Die Umsetzung des Kompromissangebots hätte es Pompeius ermöglicht, Caesar fallen zu lassen, ohne daß die Ratifizierung seiner Neuordnung im Osten gleich mitgestürzt wäre." (Jehne, M., 2004, S. 47) Also lehnt Caesar ab. Nach wie vor hält er das Durchpeitschen seiner Vorlagen im Senat für absolut geboten. Darin pflichten ihm übrigens die meisten Historiker der Moderne bei: „Was die Bedeutung der Gesetze des Consuls Caesars anlangt, ist ihnen trotz ihrer formalen Anfechtbarkeit (…) ihr sozial-politisch reformierender und daher zum Teil notwendiger Charakter nicht abzusprechen." (Gesche, H., 1976, S. 51)

Inzwischen sind wir im Spätherbst 59 v. Chr. Mit Geschick und Durchsetzungskraft übersteht Caesar die eine oder andere im Senat eingefädelte Intrige, ernsthaft gefährdet ist er nie. Doch eingedenk des nahenden Ende seines Konsulats macht er sich Gedanken um seine Zukunft.

Laut Gesetz ist ein früherer Konsul für drei, in Krisensituationen für fünf Jahre zum Provinzstatthalter bestellt. In der nächsten Zeit ist Caesar also vor Anklagen geschützt. Um seine Macht längerfristig zu sichern, lässt er sich im Mai oder Juni per Gesetz auch ohne Krise ein Sonderkommando auf fünf Jahre für die Provinzen Illyricum auf dem heutigen Balkan und Gallia Cisalpina, heute Oberitalien, zuerkennen. Auf Pompeius' Veranlassung fügt der Senat auch noch die Provinz Gallia Narbonensis hinzu. Drei Provinzen statt wie üblich eine – da sollten sich doch Möglichkeiten für den sehnlich erwarteten Kriegerruhm ergeben, „(...) his chance for ‚eternal glory' (...), for a triumph, even greater than the one he had earned in Spain." (Morstein-Marx, R., 2021, S. 168)

An der Spitze der Republik zu stehen bedeutet, wie Caesar schon vor seinem Konsulat wusste, nur eingeschränkte Macht auf Zeit zu haben. Einem römischen Kriegshelden aber gebührt ein Platz neben Jupiter, dem höchsten Gott. Nichts lieben die Römer so sehr – darin sind sich der Adel und das Volk völlig einig – wie einen grandiosen Sieg auf dem Schlachtfeld. Und die Chance darauf hat sich Caesar jetzt gesichert. „Danach hoffte er, seine Macht so weit ausgebaut zu haben, dass er die Optimaten nicht mehr zu fürchten brauchte." (Schauer, M., 2023, S. 277)

Um Pompeius nicht in Versuchung geraten zu lassen, die Immunität durch eine gesetzliche Änderung aufzuheben, gibt ihm Caesar seine einzige Tochter Iulia zur Frau. Er selbst heiratet die 18-jährige Calpurnia, die Tochter seines designierten Nachfolgers im Konsulat. Es ist, wie alle Ehen in dieser Gesellschaftsklasse, keine Liebesheirat, aber es geht auch nicht um Geld. Diese letzte Eheschließung Caesars ist eine Sicherheitsbindung.

Zu Beginn des Jahres 58 bricht Caesar als Statthalter nach Illyricum auf, wo die wohl wichtigste Etappe seines Lebens beginnt – die des Feldherren Caesar.

KAPITEL 3

Er kam, sah und siegte

Der Gallische Krieg – Caesars Lebenswerk

Der Name Gaius Julius Caesar ist untrennbar verbunden mit einem politischen und militärischen Meisterstück, seinem Triumph im Gallischen Krieg. „De bello Gallico" ist nicht nur ein großer kriegerischer, sondern auch ein literarischer Erfolg; dazu später mehr. Weit darüber hinaus ist er von epochaler Bedeutung für die Völker der Antike. Denn am Ausgang dieses Krieges wird zwar ein hölzernes Bollwerk gegen den *Furor teutonicus* errichtet sein. Von Süden aus aber werden erste Strahlen des römischen Lichtes in die dunklen Wälder des Nordens gedrungen sein und römisch-kultiviertes Denken, Leben und Handeln in Mitteleuropa Einzug gehalten haben. Mit dem Gallischen Krieg beginnt die Romanisierung Europas.

An deren Ausgangspunkt, im Rom des Jahres 58 v. Chr., hat Julius Gaius Caesar soeben sein Konsulatsjahr beendet. Er ist jetzt 41 Jahre alt und eine eindrucksvolle Erscheinung, dunkeläugig, mit scharfen Gesichtszügen und von hoher, drahtiger Statur. Sein einst volles, lockiges Haar hat sich bereits gelichtet. Auch das Bühnenbild für den nächsten Akt im Leben des talentierten Römers ist verändert. Die imposanten Bauwerke Roms sind der ländlichen Schönheit der römischen Provinzen Illyricum und Gallia Cisalpina gewichen. Dort wartet Caesar als Statthalter auf eine

Gelegenheit, um in die Herzkammer der Macht zurückzukehren. Sie wird bald kommen.

Das Amt hatte er sich unmittelbar nach dem Ende seines Konsulats vom Volk zusprechen und vom Senat bestätigen lassen. Caesar braucht diese Provinzen, um sich militärisch bewähren und finanzielle Rücklagen bilden zu können. Denn seine Rechtsbrüche im Senat, mehr noch sein für viele arrogant anmutendes Auftreten, seine Nonchalance und Eloquenz sind in der Stadt auf den sieben Hügeln weder vergessen noch verziehen. Als Statthalter und Prokonsul ist er vor Anklagen gefeit. Und die außergewöhnliche lange Bestellung im Amt für fünf Jahre – in der Regel rotieren die Statthalter mit Ablauf des Kalenders – verspricht ihm ausreichend Zeit, um den Senatoren das zu geben, was sie mehr als alles andere schätzen: kriegerische Erfolge, die Rom Ehre und Pfründe sichern. Seit der Plünderung Roms durch die Germanen gut drei Jahrhunderte zuvor (387 v. Chr.) lodert der Triumphschrei des Galliers Brennus in den Seelen der stolzen Römer: Vae victis, wehe den Besiegten.

Auf dem Weg ad bellum Gallicum

Caesars Hoheitsgebiet umfasst das heutige Oberitalien bis zum Genfer See (Iacus Lemannus), die kroatische Halbinsel Istrien sowie Teile von Bosnien-Herzegowina; der Rubikon bildet den Grenzfluss zu Italien. Nach dem Tod des Statthalters der benachbarten Provinz Gallia Narbonensis – der Name der südfranzösischen Provence erinnert bis heute an die Zeit der einstigen Herrschaft – schlagen ihm die Senatoren auch dieses fruchtbare und holzreiche Hinterland zu. Beileibe nicht, weil sie Caesar lieben, sondern weil sie ihn brauchen: Aufgrund der anhaltenden Übergriffe angrenzender Stämme auf römisches Gebiet fürchten die Herren des Kapitols um den Grenzfrieden und um den Fortbestand des regen Handels und „als bewährter General war er schließlich der richtige Mann für eine Krise von möglicherweise bedrohlichem Ausmaß." (Lane Fox, R., 2005, S. 412) Das trifft sich vorzüglich mit Caesars Interessen. „An diesen unruhigen Grenzen, so mag Caesar spekuliert haben, wartet genügend Konfliktpotenzial, um ihm die ersehnten Heldentaten zu ermöglichen." (Albig, J.U., 2011, S. 138).

Anders als der beschränkte Blick der Senatoren, der kaum über den Tellerrand der römischen Provinz im Süden Frankreichs hinaus reicht, ihnen erlaubt, sieht Caesar die größere Gefahr, die Rom jenseits des Rheins und der Alpen droht.

In den Gebieten, die heute die Schweiz und Deutschland genannt werden, siedeln zahlreiche kriegerische Stämme. Die ziehen nicht nur gegeneinander zu Felde, sondern überqueren wann immer sie können auch die natürlichen Hindernisse auf dem Weg nach Gallien und Italien. Die Schrecken des Kimbern- und Teutonenzuges sind zu der Zeit, in der Caesar in Rom aufwuchs, noch allgegenwärtig. Zwischen 113 und 105 v. Chr. hatten sie den Römern im Verbund mit helvetischen Stämmen mehrere empfindliche Niederlagen beigebracht. Kein Geringerer als Caesars angeheirateter Onkel Gaius Marius konnte sie schließlich in den beiden Jahren vor Caesars Geburt in Südgallien und Norditalien vernichtend schlagen. So groß war die Gefahr, dass die Römer den Feldherren zwischen 104 und 100 v. Chr. gleich fünfmal hintereinander und einen Krieg später noch ein sechstes Mal zum Konsul wählten.

Caesar weiß um dieses Risiko, und deshalb ändert er die römische Strategie entscheidend. Dafür preist ihn Cicero in einer 56 v. Chr. gehaltenen Rede im Senat: „Der gallische Krieg, versammelte Väter, ist erst unter dem Kommando Gaius Caesars wirklich geführt, vorher ist er bloß zurückgedämmt worden. Unsere Feldherren haben nämlich die dort beheimateten Völker stets nur in die Schranken weisen, nicht aber herausfordern zu müssen geglaubt (…) Gaius Caesar hat sich, wie ich feststelle, von ganz anderen Grundsätzen leiten lassen. (…) So hat er die verschiedenen Stämme der Germanen und der Helvetier in gewaltigen Schlachten aufs glücklichste besiegt und die übrigen eingeschüchtert, zurückgedrängt, niedergezwungen und daran gewöhnt, die Herrschaft des römischen Volkes zu ertragen." (Meier, C., 1982, S. 290)

Der Kriegsbericht als literarisches Meisterwerk

Dass Gallien aus drei Teilen besteht, die von den Belgern, den Aquitaniern und den keltischen Stämmen bewohnt sind, weiß auch heute noch jeder Lateinschüler. Denn so steht es im ersten Satz des berühmten Werks „De bello

Gallico", das Caesar eigenhändig in sieben Bänden *commentarii* verfasst hat. „Theodor Mommsen erklärte, ‚der Unterschied zwischen diesen Kommentaren und allem, was sonst römische Geschichte genannt wird, kann gar nicht angemessen gewürdigt werden'", zitiert der Tacitus-Übersetzer und Literat Michael Grant (1969, S. 67) den bedeutendsten Altertumswissenschaftler des 19. Jahrhundert. Für seine „Römische Geschichte" wurde Mommsen 1902 mit dem Nobelpreis geehrt. Grant selbst lobt den leichten und schnellen Erzählstil Caesars: „Selbst für unsere moderne Zeit (…) sprechen Caesars Taten, gleichermaßen aufregend und furchtbar, so packend für sich selbst, als wären sie eben geschrieben worden." (a. a. O., S. 68)

Caesar hält das Kriegsgeschehen in Jahresberichten an den Senat fest, wo sie vorgelesen werden. Während seine Anhänger begeistert jubeln, nehmen seine Kritiker die nicht zu bestreitenden Erfolge zähneknirschend zur Kenntnis. Wohl auf der Grundlage dieser Berichte entstehen die berühmten Commentarii. Verschiedene Autoren sagen, Caesar habe im Feld diktiert – manchmal drei, vier Schreibern gleichzeitig.

Das Gebiet, auf dem der römische Feldherr fast zehn Jahre lang Schlachten geplant, geschlagen und gewonnen hat, ist enorm groß. Es liegt zwischen den Flüssen Garonne im Süden und Seine im Norden und entspricht somit annähernd der Größe des heutigen Frankreichs. Im Jahr 58 v. Chr. siedeln dort rund 200 keltische Stämme mit einer Gesamtbevölkerung von 10 bis 15 Millionen Menschen.

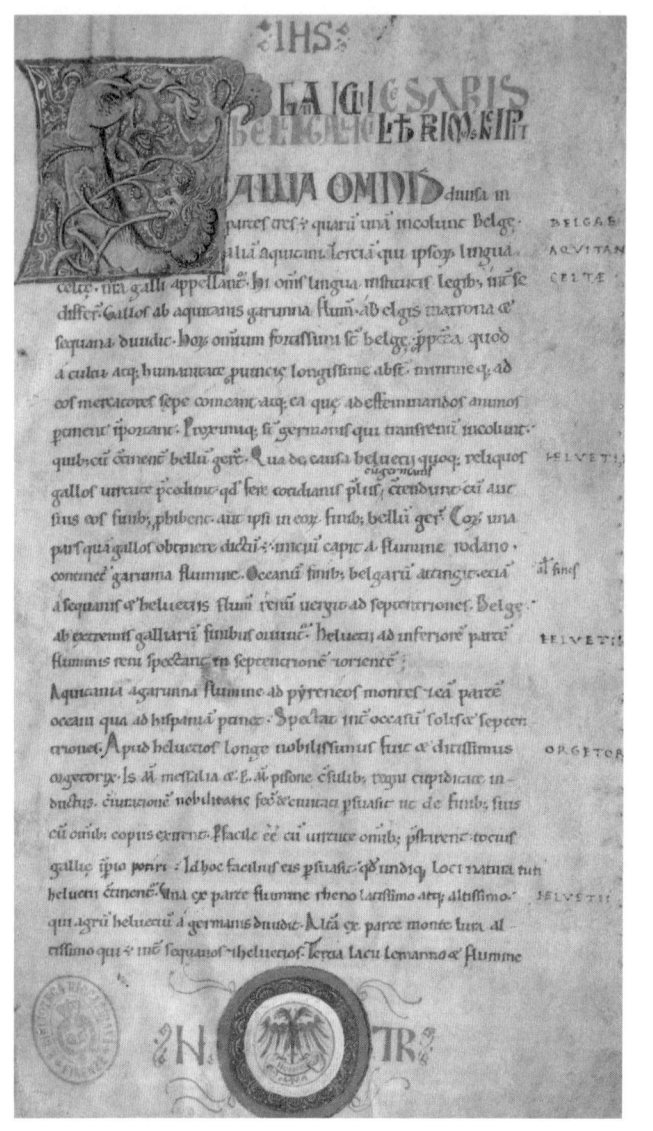

Abbildung 9: Commentarii De bello Gallico

72

Abbildung 10: Caesar diktiert seine Commentarii

Gegen diese zieht Caesar mit gleichermaßen scharfem Verstand wie Schwert zu Felde und gewinnt unsterblichen Ruhm. „Die Kriege, welche er von dieser Zeit an führte, die Feldzüge, in denen er das Land der Kelten unterwarf, machten es klar, daß er als Krieger und Feldherr den gepriesensten und größten Heerführern ebenbürtig war", rühmt ihn der griechisch-römische Geschichtsschreiber Plutarch (um 96, S. 150) und stellt ihn in eine Reihe mit Alexander dem Großen, dem siegreichen Eroberer Persiens und Begründer des Hellenismus (vgl. Stähli, A., 2023).

Den Auftakt macht die Schlacht gegen die Helvetier

Die erste Schlacht in Gallien führt Caesar gegen die keltischen Helvetier. Ein Teil des im Gebiet der heutigen Schweiz beheimateten Stammes will sich an der Atlantikküste weit westlich des Juras und der Rhone neuen Siedlungsraum erschließen. Um den kürzesten Weg nehmen zu können, erbitten die Stammesfürsten vom Statthalter der Provinz Gallia Narbonensis das Recht, deren nördlichen Teil durchqueren zu dürfen. Andere hätten dem Wunsch bedenkenlos stattgegeben, nicht aber der weit über den Horizont hinaus blickende Caesar. Er wittert Gefahr und lehnt ab. Denn erstens ist es fraglich, ob die Helvetier friedlich bleiben. Zweitens spricht es gegen die Interessen Roms, ein so starkes und kriegerisches Volk an der Nordwestgrenze seiner Provinz zu dulden. Und drittens erkennt Caesar sofort die Chance, in Rom erneut von sich reden zu machen. Ein siegreicher Krieg käme ihm überaus gelegen.

Als das weit mehr als 100 000 Mann starke Heer der Helvetier trotz Caesars Diktum versucht, in die Provinz einzudringen, wird es kurzerhand von den vier Caesar unterstehenden Legionen zurückgeschlagen. Daher machen sich die Helvetier nun auf einen längeren Weg, der weiter nördlich in der Bourgogne über das Stammesgebiet der Haeduer verläuft. Caesar nutzt diese Zeit, um in Oberitalien zwei weitere Heere auszuheben. Mit insgesamt sechs Legionen, also mit weit mehr als 30 000 Mann plus Hunderten von Reitern, zieht er die Rhone hinauf und überschreitet die

Provinzgrenze, um sie – wie er pflichtschuldig nach Rom meldet – zu sichern.

Das entspricht zwar durchaus der römischen Militärdoktrin. Aber rechtfertigt es in den Augen des Senats einen Feldzug? Wie um alle Zweifel auszuräumen, erreicht Rom ein Hilfegesuch der im freien Teil Galliens siedelnden und mit Rom befreundeten Haeduer. Somit ist abgemacht, „(…) daß er nunmehr zum Schutz von Bundesgenossen und damit für ein in Rom vertrautes und allgemein anerkanntes Ziel Krieg führen konnte." (Jehne, M., 1997, S. 54)

Erster Sieg in Gallien

In der Mittagshitze eines Hochsommertages im Juli 58 v. Chr. kommt es im hügeligen Land bei Bibracte, der Hauptstadt der Haeduer, zur Entscheidungsschlacht. Caesar setzt auf die vier kampferprobten Heere und lässt die beiden neu aufgestellten Legionen sowie die Hilfstruppen zur Bewachung des Lagers zurück. Dann greift er zu einem drastischen Mittel, um den ihm noch nicht blind vertrauenden Truppen die überragende Bedeutung dieses Kampfes vor Augen zu führen. „Caesar ließ zuerst sein Pferd, dann die aller übrigen Offiziere außer Sichtweite führen, damit bei gleicher Gefahr für alle niemand auf Flucht hoffen könne, feuerte sein Heer an und begann die Schlacht", notiert er im ersten Buch des Gallischen Krieges (52/51 v. Chr., S. 32). Allerdings sollte er in späteren Gefechten nie wieder auf die beiden Vorteile verzichten, die ein berittener Anführer in einer Schlacht hat: eine bessere Übersicht über das Geschehen und größere Beweglichkeit, um an eine bedrohte Stelle in der Kampflinie rasch Reserven heranführen zu können.

Den Verlauf der Schlacht schildert ein Augenzeuge, nämlich Caesar selbst. Zunächst wehren die in drei Kampflinien formierten Legionäre die in einer Phalanx heranstürmenden Helvetier mit ihren zwei Meter langen, aber nur ein bis drei Kilogramm leichten Wurfspießen ab. Diese Pila sind tückisch, da sie häufig gleich zwei Schilder des Gegners aufspießen und ihn schutzlos machen. Dann werfen die tapferen Helvetier ihre Schilde fort und kämpfen ungedeckt weiter. In dreifacher Schlachtreihe heranrückend, erweisen sich die römischen Krieger im Nahkampf als überlegen. Mit ihren schweren und am Vortag geschärften Schwertern drängen die nachkommenden Legionäre die Helvetier zurück. Doch noch ist keine Zeit zum Aufatmen. Denn nun geben die Hornbläser Alarm: Die Nachhut des feindlichen Heeres fährt den Römern in die rechte Flanke. Die schon im Zurückweichen begriffenen Helvetier besinnen sich auf ihren Mut und greifen erneut an.

In diesem Moment geben die Disziplin des römischen Heeres und die von Caesar befeuerte Kampfmoral den Ausschlag. Während die ersten beiden Kampflinien dem neuerlichen Ansturm trotzen, rückt die dritte Kampflinie geschlossen an die rechte Flanke heran und schlägt die Attacke zurück. Seit Stunden klirren die Waffen, gellen Schreie, schreien Menschen und Pferde im Todeskampf.

Mittlerweile ist es später Nachmittag geworden. Auf einer Anhöhe im Hintergrund haben die Helvetier mit ihren Karren eine Wagenburg gebildet, dort wird bis tief in die Nacht weitergekämpft. Aus den Spalten zwischen Karren und Rädern hagelt es unablässig Speere auf die Römer. Nach zähem Kampf gelingt es ihnen, die Wagenburg zu erobern. Es ist bemerkenswert, dass bei dem vielstündigen Blutbad kein einziger Helvetier die Flucht ergreift. „In the end the victory was complete, but the Roman losses were comparatively heavy and the army was to remain where it was for three days to look after the wounded and bury the dead", berichtet der britische Militärhistoriker Adrian Goldsworthy (2006, S. 269) über den Ausgang der Schlacht.

Abbildung 11: Caesar besiegt die Helvetier bei Bibracte

Und schon wartet der nächste Angreifer auf Caesar

Als die Römer dem Feind drei Ruhetage später nachsetzen wollen, wird Caesar die Ankunft einer Gruppe von Abgesandten der Helvetier gemeldet: Sie wollen kapitulieren. Caesar akzeptiert und gestattet den Helvetiern großmütig, sich gegen die Stellung von Geiseln in ihr früheres Siedlungsgebiet zurückziehen zu dürfen.

Noch in Bibracte berichtet der Anführer der Haeduer dem siegreichen Caesar, dass der germanische Suebenfürst Ariovist, dem die Haeduer Gehorsam und Tribut schulden, Abertausende von Germanen nach Gallien führt, um das Land für sein Volk zu erstreiten. Gelänge dies, schießt Caesar sogleich durch den Kopf, dann geriete die Vormachtstellung Roms ins Wanken. Beiläufig erinnern ihn die Haeduer daran, dass sie wiederholt das Römische Reich um Hilfe gegen den als grausam dargestellten Ariovist gebeten haben. Allein Rom hatte genügend mit sich selbst zu tun und sich taub gestellt.

Für Caesar persönlich wirft die Warnung insofern ein Problem auf, als dass er Ariovist während seines Konsulats zum Bundesgenossen und „Freund des römischen Volkes" gemacht hat. Würde Caesar ohne stichhaltigen Grund, also ohne erwiesene Übergriffe auf römisches Gebiet, Ariovist im freien Teil Galliens angreifen, dann könnten ihm selbst seine Freunde in Rom die Kriegslüsternheit nicht absprechen. Und den ihm feindlich gesinnten Senatoren lieferte er eine erstklassige Vorlage, um seine Urteilskraft in Zweifel zu ziehen. Auf der anderen Seite ist es weder für Caesar noch für Rom hinnehmbar, dass sich der Häuptling der Sueben gegen die stärkste Militärmacht der Welt erheben will. Nach kurzem Überlegen entscheidet sich Caesar für eine diplomatische Eskalation. Ultimativ fordert er Ariovist auf, weder weitere Truppen nach Gallien zu verlegen noch dort anzugreifen.

Ariovist nimmt die Aufforderung nicht ernst. Ebenso kühn wie drohend lässt er Caesar mitteilen: „Wenn er wolle, könne er ja kämpfen; er werde sehen, was sieggewohnte und waffengeübte Germanen (…) durch ihre Tapferkeit ausrichten könnten." (Caesar, a. a. O., S. 39) Diesen Fehdehandschuh kann, ja muss der Feldherr aufnehmen. Zumal er sicher sein kann, dass kein Römer die schmachvolle Niederlage gegen die Kimbern und Teutonen in der Schlacht bei Agen (107 v. Chr.) vergessen hat. Jetzt ist es an ihm, Caesar, dafür Rache zu nehmen. Eilig marschiert er mit seinen Legionen und Hilfstruppen in das von Ariovist besetzte Gebiet im heutigen Elsass.

Ein ungewöhnliches Treffen mit Ariovist

Auf dem Weg dorthin sinkt die Stimmung der Legionäre von Tag zu Tag. Gerüchte über die ungeheure Größe und den furchterregenden Blick der germanischen Krieger machen die Runde, gnadenlos seien sie, blutrünstig und barbarisch. Unter den Präfekten und Tribunen sind viele Männer ohne Kampferfahrung, die Caesar aus Bewunderung von Rom nach Gallien gefolgt sind. Ihre wachsende Verzagtheit drückt auf die Gemüter selbst der kampferprobten Offiziere und Soldaten. Nicht wenige Krieger ziehen sich abends in ihre Zelte zurück, um ihren letzten Willen aufzuschreiben.

In dieser schwierigen Situation handelt Caesar entschlossen und beruft den Kriegsrat ein. Hierzu zieht er bewusst auch die Centurionen hinzu. Die Feldwebel sind das wichtige Bindeglied zwischen den Offizieren und einfachen Legionären. Sich der Gefühlslage seiner Männer vollauf bewusst, ergreift Caesar das Wort, geht auf die Furcht der Soldaten ein, führt ihnen ihre Heldentaten vor Augen und macht ihnen Mut. „In seiner Ansprache erwies sich Caesar als Meister der Truppenführung, der die Gefahren relativierte, die Überlegenheit römischer Waffen und die konkreten Verdienste seines Heeres herausstrich", erläutert Martin Jehne (1997, S. 57). Ohne Caesars herausragende Führungsqualitäten, so der Historiker, ließen sich die große Einsatzbereitschaft und die Loyalität seines Heeres im gesamten Gallischen Krieg nicht erklären.

Im September 58 v. Chr. lagern die beiden Heere nur wenige Kilometer voneinander entfernt. Auf Wunsch von Ariovist kommt es südlich des heutigen Colmars zu einem persönlichen Treffen mit Caesar. Dass der einer für die damalige Zeit höchst ungewöhnlichen Begegnung vor einer Schlacht zustimmt, mag in der Hoffnung begründet sein, doch noch eine friedliche Lösung zu finden. Denn Caesar ist in erster Linie Politiker, der eine diplomatische Lösung in seinem

Abbildung 12: Caesar trifft Ariovist vor der Schlacht

Sinne dem Risiko einer Schlacht vorzieht. Doch sowohl der Römer als auch der Suebenfürst, dem sich inzwischen weitere germanische Stämme angeschlossen haben, beharren auf ihrem jeweiligen Standpunkt. Der Kampf ist unausweichlich.

Die Schlacht im Elsass sichert die Rheingrenze

Ariovist erweist sich als fintenreicher Stammesführer. Er vermeidet zunächst die offene Konfrontation und schneidet Caesar durch ein geschicktes Manöver den Nachschubweg ab, indem er ein zweites Feldlager in dessen Rücken errichten lässt. Caesar kontert mit einer römischen Machtdemonstration: In nächster Nähe und unter den Augen des verdutzten Gegners lässt auch er ein zweites Lager errichten, das die

Versorgungslinie absichert. „Als das Lager befestigt war, ließ er dort zwei Legionen und einen Teil der Hilfstruppen; die vier übrigen Legionen führte er ins größere Lager zurück", erinnert sich Caesar (a. a. O., S. 48). Unterdessen naht der Winter. Caesar will die Zeit nicht mit Scharmützeln verschwenden. Er zwingt den Gegner zur Schlacht, indem er alle sechs Legionen vor dessen Lager aufmarschieren lässt.

Caesar selbst befehligt den rechten Flügel, wo die Legionen auf die Sueben treffen. Dort stößt er mutig vor und wirft den Feind zurück. Die Entscheidung indes fällt auf der anderen Seite der Formation. Auf dem linken Flügel gelingt es den germanischen Verbündeten von Ariovist zunächst, die Römer zurückzudrängen. Nur durch das beherzte Eingreifen eines Reiteroffiziers kann die Gefahr gebannt werden: Nach dem Vorbild Caesars in der Schlacht bei Bibracte führt der Kavallerist die Kohorten der dritten römischen Kampflinie an die bedrohte Stelle heran und stabilisiert die Lage. „Soon afterwards the breakthrough on the far wing spread panic throughout the entire German army, which collapsed into flight. Caesar himself led his cavalry at the head of a pursuit that was both determined and utterly ruthless", beschreibt Adrian Goldsworthy (2006, S. 269) das Ende des Gefechts.

Ariovist und einigen seiner Krieger gelingt es zwar, über den Rhein zu fliehen. Als Anführer aber ist er nach dieser Niederlage am Ende. Vier Jahre später erreicht Caesar die Nachricht vom Tod des Ariovist, dessen genaue Umstände unbekannt sind. Auch dieses Mal werden die stark dezimierten Germanen, die es nicht über den Rhein schaffen, von Caesar generös behandelt. Er lässt sie am linken Rheinufer ansiedeln, dort gehen sie allmählich in der römisch-gallischen Bevölkerung auf. Als Gegenleistung müssen sie sich verpflichten, den Übertritt weiterer germanischer Stämme über den Fluss zu verhindern. Diese Vereinbarung zeugt einmal mehr von Caesars politischem Geschick und seiner Weitsicht. Denn nun hat er freie Hand zur weiteren Eroberung Galliens.

Winterpause eines Kriegschronisten

Im Winter 58/57 v. Chr. erfüllt Caesar seine Verwaltungsaufgaben in der Provinz Gallia Cisalpina. Es nicht zu tun, könnte ihm in Rom als Pflichtverletzung angekreidet werden. In der dunklen Jahreszeit hat er Muße genug, um nachzudenken und seinen Lebensplan zu entwerfen. Wolfgang Will (1992, S. 81) ist überzeugt: „Spätestens seit dem Winter 58/57 war Caesar entschlossen, das ganze keltische Gebiet westlich des Rheins in seine Hand zu bekommen."

Möglicherweise denkt der Römer schon jetzt an die spätere Veröffentlichung seiner Kriegserlebnisse, selbst wenn er nicht ahnen kann, dass ihn nicht nur seine militärischen Triumphe, sondern auch deren Niederschrift unsterblich machen werden. „Erst beide Leistungen zusammen machen Caesars Rang aus", urteilt der Bonner Althistoriker Wolfgang Will (2009, S. 99). „Gallien hätte auch ein anderer römischer Feldherr erobern können. (…) Anders verhält es sich mit den Commentarii. Es gibt nichts Vergleichbares in der römischen Literatur."

Unterdessen erholen sich die sechs Legionen in den Winterquartieren im Sequanerland um das heutige Besançon, mittendrin im Land der Gallier. Das zeigt diesen überdeutlich, dass sie jetzt zwar keine Furcht mehr vor den Germanen haben müssen, dafür aber eine andere Besatzungsmacht im Haus haben. Und das sorgt für Unruhe, besonders in dem von den Belgern bewohnten nördlichen Teil Galliens. „Schon allein die Tatsache, daß das römische Heer mitten in Gallien überwinterte, löste bei den bisher noch nicht involvierten Stämmen im Norden Ängste und die Neigung zu Präventivmaßnahmen aus, und man kann wirklich nicht behaupten, daß diese Ängste grundlos waren", erläutert der Historiker Martin Jehne (1997, S. 60).

Für die Römer – und vor allem für Caesar – stellt sich die Situation zu Beginn des zweiten Kriegsjahres nicht anders dar. Auch sie denken eher ans Bleiben als ans Gehen. Würden sie sich tatenlos in ihre Provinzen zurückziehen, wären ihre Siege gegen die Helvetier und die Sueben aus dem Vorjahr wertlos. Und nach wie vor birgt die instabile Lage in Gallien ein Risiko von unübersehbarem Ausmaß. Wäre es da nicht besser, man behielte die Kontrolle über die streitsüchtigen Stämme im aufgewühlten Gallien? Womöglich bereiten sie insgeheim schon eine Verschwörung gegen Rom vor?

Nun geht es gegen die Belger

So argumentiert Caesar gegenüber Rom, wohl wissend, dass sich die Senatoren vor gegen sie gerichtete Verschwörungen noch mehr fürchten als vor den sorgenvollen Mienen der Auguren bei Deutung der Auspizien. Über seine persönlichen Ziele bewahrt er Stillschweigen. Alles in ihm drängt nach militärischen Erfolgen, um sein Ansehen und seine Macht im Triumvirat mit Pompeius und Crassus zu stärken. Dass sich einige Stämme der Belger, eines germanisch-keltischen Mischvolkes, im Norden Galliens verbünden und eine gemeinsame Streitmacht aufstellen, ist für Caesar deshalb nicht unbedingt eine schlechte Nachricht. Also hebt er in seinen Provinzen zwei weitere Legionen aus und bringt damit „stillschweigend sein Heer auf den doppelten Bestand dessen, was Senat und Volk ihm zuerkannt hatten." (Gelzer, M., 1983, S. 95) Ende März 57 ziehen die Legionäre über die Alpen.

Aufgrund ihrer germanischen Abstammung gelten die Belger als die tapfersten Gallier. Allerdings bilden sie, genau wie die weiter südlich lebenden Stämme, keineswegs eine geschlossene Einheit. Diesen Umstand weiß der immer auch politisch agierende Stratege Caesar für sich zu nutzen. Immer wieder wird er die Gegnerschaft verschiedener gallischer Stämme zu seinen Gunsten ausnutzen.

Dass die rund 45 000 heranrückenden Römer zunächst keine Feldschlacht schlagen müssen, liegt an den Belgern. Ihnen gelingt es nicht, die längerfristige Versorgung eines großen

Heeres zu organisieren. Vielmehr fällt der zusammengerufene Haufen kopflos auseinander. Das Volk der Remer ergibt sich als erstes. Danach stoßen die Römer auf die wichtigste Siedlung der Suessionen vor und erzwingen deren Kapitulation. „Caesar ließ sich die Vornehmsten des Stammes und zwei Söhne des Königs Galba selbst als Geiseln, dazu alle Waffen in der Stadt ausliefern, nahm die Unterwerfung der Suessionen an und führte das Heer ins Gebiet der Bellovaker", berichtet der Feldherr im zweiten Buch des Gallischen Krieges (a. a. O., S. 57). Mit niedergelegten Waffen ergeben sich daraufhin die anderen Stämme.

Sieg an der Sambre über die Nervier

Im nördlichen Siedlungsgebiet der Belger, dem heutigen Flandern, leben die Nervier. Sie und die mit ihnen verbündeten Atrebaten und Viromanduer sind aus anderem Holz geschnitzt, muss Caesar schon bald feststellen. Die Nervier sind ein wilder, verwegener Stamm, bekannt für ihre exzellenten Fußsoldaten. Und von diesen können sie eine ganze Menge aufbieten. „It seems likely that the Nervii and their allies had at the very least parity of numbers with Caesar's men, and probably a significant numerical advantage, although probably not as much as double the Roman numbers", schätzt Adrian Goldsworthy das Kräfteverhältnis ein (2006, S. 295).

Dass die Nervier bis zum Letzten zu kämpfen bereit sind, zeigt sich schon daran, dass sie Frauen, Kinder und Alte ins sichere Hinterland gebracht haben. Zu einem ernsthaften Gegner werden sie auch dadurch, dass sie einige der von den Römern als Geiseln mitgeführten Belger als Spitzel einsetzen.

Gestützt auf genaue Informationen über die Marschroute und Formation der Römer legen die Nervier am Übergang des Flusses Sambre einen Hinterhalt. Die Stelle ist gut gewählt, denn hinter dem Gewässer liegt ein dichter Wald, in dem sich die Krieger verbergen können. Nach einem langen Tagesmarsch gibt Caesar den Legionären Order, ein Lager zu errichten und mit der Überquerung des nur einen Meter tiefen Flusses bis zum nächsten Tag zu warten. Da die als Vorhut dienenden Reiter nur von kleineren Scharmützeln mit dem Feind berichten, setzt Caesar die sechs kampferprobten Legionen zum Bau des Feldlagers ein, während die beiden jüngst ausgehobenen in einiger Entfernung dem Tross folgen.

Auf diesen Moment haben die Nervier nur gewartet. Caesar-Kenner Christian Meier, einer der renommiertesten Historiker Deutschlands, kleidet das packende Geschehen in dramatische Worte: „Als der Troß herankam (…) brachen die Belger plötzlich in breiter Front aus dem Wald hervor, wo ihr Heer bereits in Schlachtordnung formiert gewesen war. In unglaublicher Geschwindigkeit seien sie herangerannt gekommen. Ehe man es sich versah, stürmten sie schon den Hügel herauf, auf dem die Römer mit der Befestigung ihres Lagers beschäftigt waren. In diesem Moment, berichtet

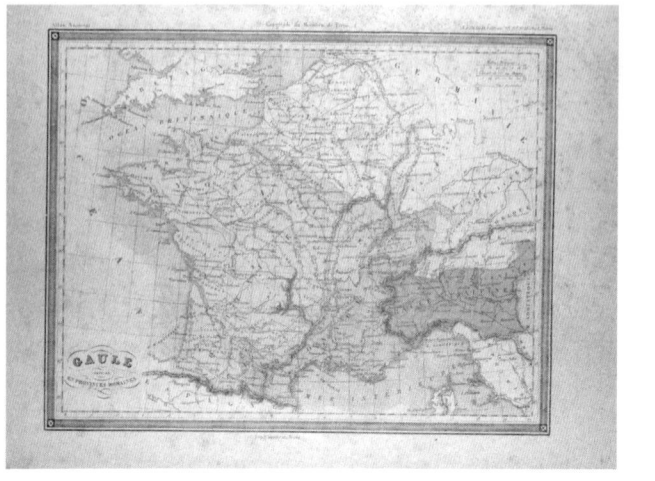

Abbildung 13: Landkarte von Gallien

Caesar, hätte er alles auf einmal tun müssen: die Fahne hissen, die Tuba blasen, das Heer in Schlachtordnung aufstellen, die Soldaten anfeuern und das Zeichen zum Angriff geben." (Meier, C., 1982, S. 304)

Die Römer sind wie vom Donner gerührt. Kopflos rennen sie umher, treiben die Pferde zusammen, suchen hektisch nach ihren Waffen und ergreifen schließlich jede, derer sie habhaft werden können. „Cäsar rettet die Lage durch persönliche Initiative und mit dem Mut, den er in verzweifelten Situationen aufbrachte", beschreibt Michael Grant (1969, S. 78) den Wendepunkt. Wie sein Vorbild Alexander der Große rückt der Heeresführer selbst in die vorderste Kampflinie und kämpft Seite an Seite mit seinen Männern. Als die beiden Legionen aus der Reserve heranrücken, ist die Schlacht gewonnen. Dieses Mal war das Zusammenspiel von Führung und Geführten nicht nur gut, sondern perfekt. Adrian Goldsworthy (2006, S. 300) sieht darin den Beweis, dass sich der Aufwand für den Aufbau gegenseitigen Vertrauens gelohnt hat: „It is questionable whether the army would have coped so well with such a crisis in the previous year, when army and commander were still unfamiliar with each other and had yet to build up the cohesion that came from training and the confidence derived from success."

In Rom braut sich etwas gegen Caesar zusammen

Der Sieg über die Belger wird im Verlauf des Jahres mit der Unterwerfung der am Atlantik siedelnden Gallier durch den Legaten Publius Licinius Crassus, Sohn von Caesars Partner im Triumvirat, vervollständigt. Im Hochgefühl der Großtat, freilich etwas verfrüht, schickt Caesar eine Siegesbotschaft nach Rom: Ganz Gallien ist befriedet! Die gute Nachricht wird an den Ufern des Tibers mit einem zweiwöchigen Dankesfest gefeiert. Caesar darf sich berechtigte Hoffnungen auf die Gewährung eines Triumphzuges machen.

Nicht jeder in Rom freut sich über Caesars Sieg und ist bereit, ihm frühere politische Verfehlungen zu verzeihen. Öffentlich droht Lucius Domitius als Bewerber um das übernächste Konsulat, „er werde als Konsul das durchsetzen, was er als Praetor nicht vermocht habe, und ihm (gemeint ist natürlich Caesar, d. Verf.) seine Heere entziehen", schreibt der Römer Sueton (120 n. Chr., S. 47). Hinzu kommt, dass Ende 55 auch Caesars für fünf Jahre gewährte Kommandogewalt über die beiden Provinzen in Gallien zu enden droht.

Dass schon im Winter 57/56 ein erster Aufstand im Gebiet der heutigen Bretagne ausbricht, kann Caesar verschmerzen. Dank seiner Siegesmeldung hat er aus römischer Sicht das unbedingte Recht, jede neuerliche Erhebung niederzuschlagen. Doch bevor er zu einem weiteren Feldzug in Gallien aufbrechen kann, muss Caesar das drohende Konsulat seines Gegners Lucius Domitius verhindern. Die Mehrheit im Senat will zu den alten Verhältnissen zurück, das heißt, eine zu große Machtfülle einzelner Politiker wie Pompeius, Crassus oder Caesar verhindern. Für die meisten Senatoren ist das Triumvirat politisch am Ende. Unverkennbar hat sich sein Vorrat an Gemeinsamkeiten erschöpft.

Die zunehmende Popularität Caesars ist Pompeius tatsächlich ein Dorn im Auge. Er missgönnt Caesar seine Erfolge in Gallien. Chancen auf neue Siege soll der Konkurrent nicht bekommen. Pompeius wünscht sich den Heerführer zurück nach Rom, wo er jeden seiner politischen Züge unter Kontrolle zu haben wähnt. Er fordert den Senat sogar auf, Caesar an den Tiber zurückzurufen. Weil die Ansichten darüber aber auseinander gehen, wird die Abstimmung über den Antrag auf die lange Bank geschoben. Es ergeht keine diesbezügliche Order. Caesar hat ebenfalls Freunde und Bewunderer in Rom.

Die Erneuerung des Triumvirats

Auch den zweiten Kriegswinter verbringt der römische Feldherr im oberitalienischen Ruhelager. Im März 56 v. Chr. trifft er sich mit Crassus in Ravenna, wo er ihn für ein neues Bündnis gewinnen kann. Anschließend kommen die drei Triumvirn in Lucca zum Gespräch zusammen. Dort gelingt es Caesar, Pompeius und Crassus wieder miteinander zu versöhnen. Wichtiger noch: Er kann sie von den Vorzügen eines neuerlichen Bündnisses gegen den Senat überzeugen.

So sieht der Deal im Einzelnen aus: Für sich selbst verlangt Caesar die Verlängerung seines Mandats über die nördlichen Provinzen um weitere fünf Jahre, was seine politische Immunität entsprechend verlängert, sowie die staatliche Finanzierung der vier von ihm zusätzlich ausgehobenen Legionen. Crassus erhält das Kommando für die Provinz Syrien. Von dort aus kann er gegen die Parther ziehen und selbst militärische Lorbeeren sammeln, um mit Pompeius und Caesar gleichzuziehen. Pompeius bekommt die beiden spanischen Provinzen. Der wichtigste Beschlusspunkt jedoch ist das gemeinsame Konsulat von Pompeius und Crassus für das Folgejahr. Caesar muss noch warten. Für eine Wiederbewerbung nach zehn Jahren liegt sein Konsulat noch nicht lange genug zurück. Das ist aber auch nicht sein vitales Interesse. Das ausgedehnte Mandat für die Kriegführung in Gallien lässt seine politischen Perspektiven allenfalls ruhen – und dürfte von Siegen auf dem Schlachtfeld nur noch gefördert werden.

Mit dieser Vereinbarung, deren Einzelheiten erst allmählich nach Rom dringen, wird der römische Senat schlichtweg überrumpelt. „Caesar war ein diplomatisches Meisterstück gelungen", lobt Christian Meier (1982, S. 332) Caesars brillanten Coup: „Woran seine Gegner gar nicht gedacht hatten, das hatte er verwirklicht: Auf einer ganz neuen Basis, um ganz neuer Ziele willen hatte er die Rivalität zwischen Roms mächtigsten Politikern überwunden, indem er sie auf eine neue Stufe hob. (…) Wie sehr den beiden anderen ihr zweites Consulat und ihr neues Kommando gefallen mochten: Caesar war es, der das Gesetz des Handelns bestimmte."

Während Caesar von Lucca aus umgehend in Richtung Gallien aufbricht, sorgen Pompeius und Crassus dafür, dass der Senat in Rom alle Gesetze im Sinne der Triumvirn verabschiedet.

Die Seeschlacht gegen die Veneter an der bretonischen Küste

Der Aufstand der in der Bretagne siedelnden Veneter stellt Caesar vor eine besondere logistische Herausforderung. Hartnäckig widersetzt sich dieses Volk den römischen Forderungen nach Getreidelieferungen, hat die benachbarten Stämme auf seine Seite gezogen und hält überdies römische Offiziere als Geiseln fest. Diese offene Provokation zwingt Caesar zum Handeln. Er selbst notiert, dass ihn viele Gründe zu diesem Krieg treiben, aber „besonders die Erwägung, wenn er hier Nachsicht übe, würden alle anderen

Völkerschaften glauben, sie könnten es ebenso treiben." (Caesar, a. a. O., S. 72) Gleichwohl dürften auch wirtschaftliche Gründe in seine Entscheidung hineingespielt haben. Denn als geschickte Seefahrer mit einer starken Flotte halten die Veneter das Monopol auf den Handel mit den auf der anderen Seite des Ärmelkanals lebenden Britonen. Auf diesen Schatz dürfte Caesar schon damals ein Auge geworfen haben.

Doch zunächst muss er ein Problem lösen. „Die Küstenstädte der Veneter lagen auf gebirgigen Halbinseln, durch die Flut abgeschnitten und vom Land aus unerreichbar", erläutert Michael Grant (1969, S. 82). Deshalb entwickelt Caesar den für römische Fußtruppen im Grunde ungeheuerlichen Plan, den Streit mit den Venetern auf See auszufechten.

Die etwa 220 Schiffe der Veneter sind an die rauen Bedingungen des Atlantiks und des Ärmelkanals angepasst. Anders als die römischen Galeeren haben sie weder Ruderer noch Bogenschützen an Bord, sind aber deutlich größer und seetüchtiger als die dem ruhigen Seegang im Mittelmeer angepassten Galeeren der Römer. Dank einer robusten Konstruktion aus Eichenholzbalken sind die Schiffe der Veneter praktisch immun gegen Rammangriffe, und ihr hohes Profil schützt die Insassen vor heranzischenden Pfeilen. Auf See können die Veneter die Römer kaum schlagen. Nichtsdestotrotz gibt Caesar noch in Lucca Anweisung, eine Flotte

auf der Loire zu bauen und Ruderer und Steuerleute anzu-
heuern.

Abbildung 14: Schlacht bei Morbihan, Caesar besiegt die Veneter

Caesar weiß genau, dass sein Gegner über die überlegene
Flotte verfügt. Er weiß aber auch, dass es im Krieg nicht so
sehr auf die Menge des Materials ankommt, sondern darauf,
wie man seine Waffen einsetzt. Und „wieder einmal, wie
so oft in diesen gallischen Feldzügen, gab die überlegene
römische Kriegstechnik den Ausschlag." (Meier, C., 1982,
S. 334). Die Römer verwandeln den Nachteil der gegnerischen Flotte, ihre Abhängigkeit vom Wind, in einen taktischen Vorteil für sich. An langen Stangen binden sie große,
scharfe Sicheln, mit denen sie das Tauwerk und die Segel
nahe genug herankommender Schiffe kappen und diese
manövrierunfähig machen können. Danach ziehen sie die

Schiffe der Veneter mithilfe von Enterhaken zu sich heran und klettern an Bord. So weit der Plan – und er geht auf.

Im Sommer 56 treffen die Römer an der Mündung der Loire vor der bretonischen Küste auf die venetische Flotte. Caesar beobachtet die Schlacht von der Halbinsel Rhuys. Der Kampf dauert vom späten Morgen bis zum Sonnenuntergang. Währenddessen kommt den Römern eine plötzliche Flaute zu Hilfe. Sie lässt die gegnerischen Schiffe hilflos auf den Wellen treiben, während die römischen Galeeren zielsicher auf sie zusteuern. Von den Decks hageln Brandpfeile in das Segelwerk der Veneter, scharfe Klingen an langen Holzstangen reißen die nicht verbrannten Reste des Tuchs entzwei. Nun stürmen die römischen Enterkommandos die Decks der feindlichen Schiffe und tun das, was Fußsoldaten gelernt haben. Nach kurzem Kampf ergeben sich die Veneter.

Politisch statuiert Caesar an den Verlierern ein grausames Exempel, um die Gallier von weiteren Aufständen abzuschrecken. „Daher ließ er den ganzen Ältestenrat hinrichten und die übrigen als Sklaven verkaufen", notiert er selbst im dritten Buch des Gallischen Krieges (a. a. O., S. 76). Weil zwei seiner Generäle erfolgreiche Feldzüge in Aquitanien und in der Normandie zu Ende führen, kann Caesar mit dem Abschluss des Jahres zufrieden sein. Der größte Teil Galliens steht unter seiner Kontrolle.

Der Kampf gegen die Usipeter und Tencterer

Den Winter 56/55 v. Chr. verbringt Caesar wie üblich in Oberitalien, um sich den Amtsgeschäften zu widmen. Dort erreicht ihn die Nachricht, dass die germanischen Stämme der Usipeter und Tencterer ihre Siedlungsgebiete rechts des Rheins verlassen und den Strom überquert haben. Sie hoffen im kriegsgeplagten Gallien auf leichte Beute. Das macht den Krieg für Caesar unausweichlich. So wie jeder gallische Funke zum Aufstand gegen Rom von ihm ausgetreten werden muss, so ist auch jede Versuchung der germanischen Völker zu unterbinden, sich die augenblickliche Schwäche der Gallier zunutze zu machen und sich ihres Landes zu bemächtigen.

Eilends zurückgekehrt zu seinen in den zentralgallischen Winterquartieren stehenden Legionen fordert Caesar die Gallier zur Bereitstellung von Kavallerie auf. Als Pferde und Reiter eingetroffen sind, lässt er die Legionen Aufstellung nehmen und marschiert mit ihnen an den Rhein. Dort errichten die Soldaten ein provisorisches Lager. Noch schweigen die Waffen. Doch just zu der Stunde, als Caesar im Kastell mit den Häuptlingen der Usipeter und Tencterer verhandelt, um sie auf der rechten Rheinseite neben den Ubiern als romfreundlichen Brückenkopf anzusiedeln, fällt deren Reiterei über die römische Kavallerie her und erschlägt viele Offiziere und Soldaten. Erbost lässt Caesar die bei ihm weilenden germanischen Fürsten in Gewahrsam nehmen und das Hornsignal blasen: Auf zur Schlacht! In vielfach erprobter Manier bezwingen die Legionäre den führerlosen Gegner und treiben ihn nach einem furchtbaren Gemetzel zurück über den Rhein.

Dieser ohne einen einzigen Mann Verlust errungene Sieg hat für Caesar ein politisches Nachspiel. Sein Intimfeind Cato (siehe Kap. 2, S. 52) beschuldigt Caesar im Senat, das Gesandtschaftsrecht gebrochen zu haben und beantragt, Caesar an die Germanen auszuliefern. Das lehnen die Senatoren zwar mit Mehrheit ab. Aber der Vorfall macht deutlich, mit welchen Argusaugen Caesars Gegner in Rom die Handlungen des Kriegshelden im fernen Gallien verfolgen, „mit den Augen unversöhnlicher Feinde, die Caesars gesamte Taten nur unter dem Gesichtspunkt sahen, was man davon gegen ihn verwenden könnte." (Jehne, M., 1997, S. 64)

Ein Vorstoß nach Germanien und zwei nach Britannien

Mit dem Sieg über die beiden germanischen Stämme will es Caesar jedoch nicht bewenden lassen. Er greift zu einer Machtdemonstration, um andere von einer neuerlichen Überquerung des Rheins abzuschrecken. In nur zehn Tagen lässt Caesar eine feste Holzbrücke über den an dieser Stelle breiten, tiefen und schnell fließenden Strom errichten – eine organisatorische und technische Meisterleistung. Danach setzt Caesar als erster römischer Feldherr mit seinen Legionen in das von den Römern geschmähte „Land der Barbaren" über. Tatenlos sehen die paralysierten Germanen aus den Tiefen ihrer Wälder zu, wie die Römer ihre Dörfer anzünden und das Getreide mähen. Eine offene Feldschlacht wagen sie nicht. 18 Tage später kehrt Caesar nach Gallien zurück und lässt die Brücke abreißen.

Abbildung 15: Caesar lässt eine feste Brücke über den Rhein bauen

Der Rückzug nach der unmissverständlichen Warnung zeigt, dass Caesar keinen Eroberungsfeldzug in Germanien plant. Vielmehr sichert er sich mit der Rheinüberquerung den Rücken für eine ganz andere Unternehmung – den Vorstoß nach Britannien. Spätestens nach dem Sieg gegen die Veneter dürfte Caesar die Insel als militärisches und vor allem wirtschaftlich lohnendes Ziel betrachtet haben. „Dort soll es nicht nur Zinn und Blei geben, wie Roms Kaufleute wissen, und Gold und Silber, wie sie hoffen, sondern zudem ungekannte Abenteuer, vielleicht mit Barbaren von unfassbarer Wildheit. Caesar ist begeistert. Wie der große Alexander will er nicht nur Eroberer, sondern Entdecker sein." (Albig, J.-U., 2011, S. 140)

Deshalb handelt es sich bei Caesars Vorstoß über den Ärmelkanal bei der Begegnung mit den Britonen nicht um eine Invasion, sondern um eine bewaffnete Erkundung. Sie endet nach einigen unwesentlichen Scharmützeln an der Südostküste Britanniens mit dem Abzug der Römer in ihre gallischen Winterquartiere. Erst im kommenden Frühsommer, man schreibt das Jahr 54 v. Chr., macht Caesar Ernst. Diesmal überquert er die Wasserstraße zwischen Gallien und Britannien mit einer Armada aus mehr als 800 Schiffen, fünf Legionen und 2000 Reitern. Drei weitere Legionen sichern die Häfen, den Nachschub und die Besetzungen in Gallien. „Der Feldzug gegen Britannien trägt den Stempel hohen und kühnen Unternehmensgeistes", wird der Geschichtsschreiber Plutarch rund 150 Jahre später das Unterfangen preisen (a. a. O, S. 160).

Zwei Todesfälle beenden das Triumvirat

Noch vor dem Aufbruch nach Britannien trifft Caesar ein familiärer Schicksalsschlag. Seine einzige Tochter Iulia, die er zur Verstärkung seines Bundes mit Pompeius verheiratet hat, stirbt im Spätsommer des Jahres 54 v. Chr. im Wochenbett. „Zu der Trauer kam ein politisches Problem. Denn Caesars Einvernehmen mit Pompeius hatte zum guten Teil an Iulia gehangen. In der Liebe zu ihr trafen sich beide, und sie scheint viele Konflikte und Schwierigkeiten ausgeräumt zu haben", analysiert Christian Meier die brisante Beziehung der beiden Männer (1982, S. 359). Caesar bietet Pompeius die Heirat mit seiner Großnichte Octavia, die

Schwester des späteren Kaisers Augustus, an. Doch Pompeius lehnt ab.

Caesars Aufmarsch in Gallien bleibt den Inselbewohnern nicht verborgen. Aber statt an den Stränden, in den Feldern und auf den Hügeln zu kämpfen, wie es Winston Churchill 2000 Jahre später einem anderen Invasor jenseits der Kanalküste androhen wird, ziehen sich die britannischen Stämme ins Hinterland zurück. Und so gelingt es Caesar, mit seinen Legionen die Themse zu überqueren und die Hauptstadt Londinium zu erstürmen. Allerdings sind die erhofften Gold- und Silberschätze nirgends zu finden, die mitgebrachten Truhen bleiben leer. Hinzu kommt: Selbst für ein Genie wie Caesar erweist sich die Insel als zu groß, als dass sie ohne eine gesicherte Machtbasis in Gallien erobert werden kann. Dies wird dem Römischen Reich erst 100 Jahre später unter Kaiser Claudius gelingen. „Irgendwann während seines Marsches durch das Land mußte er (Caesar, d. Verf.) erkannt haben, daß eine dauernde Besetzung letzten Endes undurchführbar war – und er war zu klug, um ernsthaft zu glauben, daß die Unterwerfung der Stämme noch irgendeine Bedeutung hatte, sobald er abgezogen war." (Grant, M., 1969, S. 97).

Nach seiner Rückkehr aus Britannien stoßen neue Kämpfer zu Caesars Legionen. Unter ihnen ist ein 32-jähriger Reiteroffizier, der auf Feldzügen in Judäa und Ägypten brilliert hat. Marcus Antonius ist ein glühender Verehrer Caesars und hat alles daran gesetzt, um unter ihm dienen zu können. Auch von diesem Mann wird noch zu hören sein.

Die Freude an der Verstärkung wird Caesar jedoch von einer Hiobsbotschaft – in Gallien sind Unruhen ausgebrochen, die das ganze Land zu erfassen drohen – und von einer Nachricht vergällt, die sich schon kurz darauf ebenfalls als eine solche herausstellen wird: Crassus marschiert von Syrien aus gegen das Reich der Parther. Es ist der einzig ernstzunehmende Gegner, den Rom an seinen Grenzen noch hat. Statt des erhofften Triumphs erleidet Crassus im Sommer 53 bei der Schlacht von Carrhae eine verheerende Niederlage, bei der er selbst den Tod findet. Damit ist das Triumvirat Geschichte, und das kommende Duell zwischen Caesar und Pompeius um die Vormachtstellung in Rom wirft seine Schatten voraus.

In Vercingetorix erwächst Caesar ein echter Gegner

Wie ernst die Lage in Gallien bereits im vorhergehenden Winter ist, ist schon am Umstand zu erkennen, dass Caesar nicht nach Oberitalien zieht. Eine schlechte Ernte zwingt ihn dazu, seine Legionen über das Land zu verteilen, anstatt sie wie bisher an einem Ort zu konzentrieren. Weil die Gallier die römischen Truppen trotz eigener Lebensmittelknappheit versorgen müssen, wächst der Unmut über die Besatzungsmacht. Erfolgreiche Überfälle auf einzelne Garnisonen lassen sie glauben, sich der Römer entledigen zu können. Erst im Sommer 53 gelingt es dem siegreichen Caesar, ihre Hoffnung zunichte zu machen.

Als die Gallier im darauffolgenden Winter den Arverner-häuptling Vercingetorix zu ihrem Anführer wählen, steht Caesar erstmals ein überaus geschickter und ernstzunehmender Kontrahent gegenüber. „Vercingetorix war damals etwa dreißig Jahre alt, ein stattlicher, imponierender Mann, hochbegabt, ehrgeizig und tapfer. Er haßte die Römer, hatte sie aber genau beobachtet, um ihre Taktik zu studieren und herauszufinden, wie man sie besiegen konnte", beschreibt Christian Meier den gallischen Nationalhelden (1982, S. 385). Er vereint einen Großteil der gallischen Stämme unter seiner Führung und zieht mit ihnen in den Kampf.

Den ersten Coup in diesem Kampf der Giganten landet Caesar. Im Eiltempo marschiert er mit seinen Truppen vor die Tore Avaricums unweit des heutigen Bourges und erobert die stark befestigte Stadt nach mehrwöchiger Belagerung. Vercingetorix will den Feind zermürben. Auf dem Rückzug zu seiner Hauptfestung Gergovia hinterlässt er deshalb nur verbrannte Erde. Die Belagerung und Einnahme von Gergovia gelingt Caesar nicht. Er ordnet den Rückzug nach Norden an.

Die Entscheidung fällt in Alesia

Dort will sich Caesar mit zwei dort stehenden Legionen vereinen. Er hat 40 000 Krieger unter Waffen, die Gallier rund

250 000 – eigentlich ein aussichtsloser Kampf. Vercingetorix nimmt die Verfolgung auf. Ein Reitergefecht gegen die bereits siegesgewissen Gallier entscheiden die Römer für sich. Daraufhin zieht sich Vercingetorix in die Hügelfestung Alesia zurück. Historiker glauben, es handele sich dabei um den heutigen Ort Alise-Sainte-Reine in der Bourgogne. Hier soll sich das Schicksal der beiden fast gleichwertigen Kontrahenten entscheiden. „Der Krieg findet seinen Höhepunkt und Abschluss im Kampf um Alesia", schreibt Wolfgang Will (2008, S. 65). „Der Ausgang dieses Kampfes war für die römische Präsenz in Westeuropa ebenso entscheidend wie für Caesars weitere Laufbahn."

Abbildung 16: Befestigungswälle um Alesia

Caesar, dessen Truppen denen des Vercingetorix anfänglich überlegen sind, umschließt die Stadt mit einem 16 Kilometer langen Belagerungsring. Doch der Arvernerfürst hat zuvor seine Reiterei ausgeschickt, um Vorräte zu beschaffen und ein gallisches Entsatzheer auszuheben. Als dieses nach einem Monat der Blockade anrückt, werden Caesars Legionäre selbst zu Belagerten. Caesar wehrt sich, indem er einen zweiten, 21 Kilometer langen äußeren Verteidigungswall errichten lässt.

Zur selben Stunde, als das Entsatzheer die Römer angreift und den äußeren Wall durchbricht, befiehlt der Arverner den Ausfall. „Vercingetorix gab das Angriffssignal und führte seine Krieger aus der Stadt. Jeder Römer kannte seinen Platz; alle eilten zu den Befestigungen. Mit pfundschweren Steinen, vorn angekohlten Spitzpfählen und Schleuderkugeln, die sie auf der Verschanzung bereitgelegt hatten, vertrieben sie die Gallier", beschreibt Gisbert Haefs den dramatischen Moment der Schlacht (2007, S. 213). Obwohl sie an zwei Fronten kämpfen müssen, gelingt es den Römern, dem gallischen Entsatzheer in den Rücken zu fallen und in die Flucht zu schlagen. Martin Jehne (1997, S. 68) lobt den Heerführer dafür in den höchsten Tönen: „Daß sich Caesar am Ende gegen die zahlenmäßig überlegenen gallischen Truppen durchsetzte, lag sicher auch an seinen unbestreitbaren Fähigkeiten als Feldherr, seinem sicheren Blick für die Situation, seiner Kaltblütigkeit, seiner Fähigkeit, die Leistungsbereitschaft seiner Soldaten zu stärken und ihnen Zuversicht einzugeben."

Der Krieg ist entschieden, und Vercingetorix hat verloren. Er muss sich mit dem überlebenden Rest seiner Krieger in die Mauern von Alesia zurückziehen.

Angesichts dieser Schmach und weil er unter keinen Umständen in die Sklaverei geschickt werden will, lässt

Vercingetorix die Gallier anbieten, ihn entweder tot oder lebendig auszuliefern. Caesar genügt das nicht. Alesia soll die Kapitulation erklären. Und so geschieht es. Er selbst nimmt auf dem Wall vor dem Lager Platz, dort werden die Heerführer vorgeführt, Vercingetorix ausgeliefert, die Waffen hingeworfen. *Vercingetorix deditur, arma proiciuntur.* „Der wichtigste Satz des Bellum Gallicum besteht aus vier Wörtern", schreibt Wolfgang Will (2008, S. 70). Sechs Jahre lang wird Vercingetorix in Rom gefangen gehalten, ehe er am Tag von Caesars Triumphzug am Ende des Bürgerkrieges hingerichtet wird.

Abbildung 17: Vercingetorix ergibt sich Caesar

Das Ende des Gallischen Krieges ist nicht das Ende der Geschichte

Nach der Niederlage von Alesia bricht der gallische Widerstand zusammen. Im nächsten Winter unterwirft Caesar die noch immer aufbegehrenden Belger, und im Sommer 51 endet sein Eroberungszug im Südwesten Galliens mit der erfolgreichen Belagerung von Uxellodunum.

Beim römischen Volk mag Caesar durch den Sieg über die Gallier enorm an Ansehen gewonnen haben. Doch Pompeius und der Senat betrachten seinen Erfolg mit gemischten Gefühlen. Nicht zu Unrecht fürchten sie, dass der machtbewusste Feldherr nach seiner Rückkehr Ansprüche erheben wird. Tatsächlich bahnt sich in den beiden Jahren nach Caesars Sieg über Gallien jener Bürgerkrieg an, den Caesar mit dem Überschreiten des Rubikons auslösen und der die gesamte römische Welt in Aufruhr bringen wird (vgl. Stähli, A., 2018, S. 40).

KAPITEL 4

Der Kampf um das Imperium Romanum
Bürgerkrieg und Alleinherrschaft

Mit dem Sieg über Vercingetorix in Alesia im Jahr 52 v. Chr. und der Niederschlagung der letzten Widerstandsnester im Jahr darauf ist Caesars Triumph in Gallien vollständig. Doch noch kann er sich nicht auf den Weg nach Rom machen. Zuvor muss er das eroberte Gebiet einer geordneten Verwaltung unterstellen, damit die auf zehn Millionen Denare festgesetzten Tribute pünktlich entrichtet werden.

Weil sich ein Großteil des gallischen Adels Vercingetorix angeschlossen hat, baut sich Caesar eine neue Klientel aus jungen, ehrgeizigen Gefolgsleuten auf. Deren Aufgeschlossenheit Rom gegenüber wird Gallien dauerhaft verändern. „Im Laufe der Zeit übernahm Gallien tatsächlich römische Kultur und Lebensart und wurde eine der am gründlichsten romanisierten Provinzen des römischen Reiches, was sich noch heute in der französischen Sprache ausdrückt." (Jehne, M., 1997, S. 70 f.)

Dieses Vorgehen zeigt einmal mehr, dass Caesar neben militärischem Genie auch über politische Klugheit und Weitsicht verfügt. Denn er ist sich seiner fragilen politischen Position in Rom wohl bewusst. Im unvermeidlichen Konflikt mit Pompeius und seinen Anhängern wird es sich für Caesar auszahlen, dass er mit Gallien eine sichere Einnahmequelle hat.

Im fernen Rom verfolgt Gnaeus Pompeius mit Argwohn Caesars militärische Erfolge. Als im Jahr 52 politische Unruhen ausbrechen und es sogar zur Zerstörung des Senatsgebäudes kommt, verbündet er sich mit dem Senat und sorgt zunächst als alleiniger Konsul für Ruhe. Unter seiner Ägide erlässt der Senat ein für Caesar höchst brisantes Gesetz: Es ermöglicht dessen vorzeitige Abberufung aus Gallien. Überdies erlässt Pompeius eine Verordnung, wonach Bewerbungen für das Konsulat die persönliche Anwesenheit des Kandidaten in Rom zur Pflicht machen. „Caesars Plan war es, sich um ein zweites Consulat zu bewerben. (…) Voraussetzung dafür war, daß Caesar sich bewerben konnte, ohne seine Statthalterschaft aufzugeben", erläutert Christian Meier (1982, S. 405). Nur in Gallien kann Caesar einem von seinen Gegnern angestrebten Prozess gegen sich ausweichen.

Um den Jahreswechsel 50/49 spitzt sich die Konfrontation zwischen dem Senat und Pompeius auf der einen und Gaius Julius Caesar auf der anderen Seite zu. Am 10. Dezember 50 fordert der Senat Caesar unter dem Vorwand des Partherkrieges auf, den Oberbefehl über die ihm unterstehenden Legionen aufzugeben und sie Pompeius zu unterstellen. Zwar gelingt es dem Caesar freundlich gesonnenen Politiker Curio, dieses Votum durch ein zweites zu ersetzen, demzufolge auch Pompeius seine Legionen abgeben sollte. Aber keiner von beiden denkt auch nur im Traum daran, dem Gesetz Folge zu leisten.

Am Rubikon wird der Würfel geworfen

Am ersten Tag des Jahres 49 treten zwei den Optimaten zuneigende Konsuln ihr Amt an. Neu im Amt sind auch die beiden Volkstribune Marcus Antonius, ein Mitstreiter und Vertrauter Caesars im Gallischen Krieg, sowie Quintus Cassius Longinus. Sie verlesen im Senat ein Schreiben Caesars, nach dem ihm die Erlaubnis zur Bewerbung um das Konsulat *in absentia* zustehe oder alle Truppenkommandeure abberufen werden müssten. Das akzeptiert der Senat nicht, sondern kontert mit einem Notgesetz „zum Schutz der Republik." Damit wird Caesar aus Gallien abberufen und ihm angedroht, er werde als Staatsfeind betrachtet, sollte er seine Armee nicht auflösen. Am 7. Januar 49 beruft der Senat mit Domitius Ahenobarbus einen langjährigen Gegner Caesars zum neuen Statthalter in Gallia Transalpina. Zu dieser Sitzung werden Marcus Antonius und Quintus Cassius Longinus schon nicht mehr zugelassen. Die beiden ahnen Schlimmes, verlassen die Stadt und fliehen zu Caesar.

Der reagiert auf den plumpen Schachzug seiner Gegner blitzschnell und entschlossen. Er hat zwar nur 300 Reiter und eine einzige Legion in Oberitalien. Doch das ist nicht irgendeine, sondern die kampferprobte Legio XIII Gemina. Caesar teilt die Eliteeinheit in zwei Kolonnen und befiehlt ihren Abmarsch gegen die Küstenstädte Rimini und Ancona sowie die im Landesinneren gelegene Stadt Arretium. Auf dem Weg dorthin erreicht Caesar den Rubikon, den Grenzfluss zwischen seiner Provinz Cisalpina und Rom.

Verglichen mit Tiber, Arno und Po ist der Rubikon ein flaches Gewässer, dessen genaue Lage in der Emilia-Romagna bis heute umstritten ist. Ob zu Fuß, zu Pferd oder auf einem der holprigen Gepäckkarren – an einer Furt lässt sich der antike Rubikon leicht durchqueren. Und so sieht sich Caesar in den frühen Morgenstunden des 10. Januar 50 v. Chr. vor keinem Hindernis. Mit einem Zügeln bringt der Befehlshaber sein Pferd zum Stillstand. Neben ihm tut Marcus Antonius dasselbe. Leichte Nebelschwaden von der kühlen Nacht umspielen die kahlen Bäume am Ufer. Caesar wägt seine Argumente. Der Senat wird von einer Clique von Feinden beherrscht, das kommt einem Notfall gleich. Die Kränkung eines verdienten Feldherrn durch Kürzung des Kommandos ist ungerechtfertigt. Die Konsulatsbewerbung in Abwesenheit hat es seit Gründung der Republik gegeben, sie mit einem Federstrich für unzulässig zu erklären, ist Willkür. Auf der anderen Seite ist es jedem römischen Feldherrn verboten, den Rubikon unter Waffen zu überschreiten. Denn das bedeutet Bürgerkrieg.

Für Caesars Schimmel ist es nur ein Schritt, doch für den Feldherrn, der sich der Tragweite seiner Entscheidung wohl bewusst ist, ist es der Sprung in ein neues Leben – in dem seine Leistungen die Anerkennung finden werden, die sie verdienen. Also, sei's drum. Entschlossen gibt Caesar dem Pferd die Sporen – und überquert den Rubikon.

Der Geschichtsschreiber Plutarch gibt dieses historische Ereignis ausführlich wieder. Für ihn spiegelt Caesars kurzes

Abbildung 18: Caesar überschreitet den Rubikon

Innehalten am diesseitigen Ufer den inneren Konflikt, ob seine Sache wirklich gerecht sei, sodass sie die Übel eines Bürgerkrieges rechtfertige. „Schließlich aber schob er in leidenschaftlicher Bewegung die Zweifel von sich und tat den Schritt in die Zukunft mit dem Wort (…): ‚Der Würfel soll geworfen sein!' So überschritt er den Fluß, und nachdem er den Rest des Wegs in rascher Fahrt zurückgelegt hatte, drang er noch vor Morgengrauen in Ariminum, das heutige Rimini, ein und besetzte die Stadt." (um 96, S. 171 f.) Die heute oft verwendete Übersetzung „Der Würfel ist gefallen!" lässt semantisch außer Acht, dass sich Caesar sehr bewusst ist, auf welch riskantes Spiel er sich einlässt.

Der Ausbruch des nun folgenden Bürgerkriegs hat mehrere Ursachen. Vor dem Hintergrund der sozialen und politischen Desintegration der Republik, der para-rechtsstaatlichen Institution des Triumvirats und dessen Scheitern, ungeklärter Rechtsfragen im Zusammenhang mit der Bewerbung um das Konsulat und Caesars Ende der Statthalterschaft in Gallien ist es sein legitimer Anspruch auf Anerkennung, die er als Bürger und siegreicher Feldherr Roms für sich einfordert. Die engstirnige und kompromisslose Haltung seiner Kontrahenten im und außerhalb des römischen Senats lassen keinen anderen Ausweg mehr zu. „Auch wenn man zugesteht, daß die Eskalation zum Kriege durch kurzfristige und letztlich kurzsichtige Interessen vorangetrieben wurde, steht doch im Hintergrund ein sehr grundsätzlicher Konflikt", analysiert Martin Jehne (1997, S. 76). Selbst wenn der Senat darauf verzichten würde, Caesar für die während seines Konsulats 59 v. Chr. begangenen Rechtsverstöße zur Rechenschaft zu ziehen, würde er in einem neuerlichen Konsulat sicher nicht anders vorgehen. Caesar hat Prinzipien, und er hält streng an ihnen fest.

Der Marsch auf Rom

Den Widersachern Caesars muss nun klar sein, dass sie den Eroberer von Gallien in eine Ecke manövriert haben, aus der er mit Gewalt ausbrechen würde. Cicero wird später sagen, Caesar habe den Krieg nicht gewollt, sondern ihn nur nicht gefürchtet. „Die Gegner waren es vielmehr, die ihn gewollt hatten. (…) Die Forderungen, die von beiden Seiten erhoben wurden, betrafen die Existenz Caesars und der Republik. Sie waren jede durchaus berechtigt; aber sie schlossen sich aus", gibt Christian Meier (1982, S. 419) Cicero recht.

Für seinen Marsch auf Rom kann sich Caesar nur auf wenige Kohorten stützen. Das Gros der Legionen befindet sich in den Winterquartieren in Gallien. Für seine Gegner sieht die Lage nicht besser aus. Pompeius hat zwar neun Legionen unter seinem Kommando, doch sieben davon befinden sich in Spanien. Und die beiden in Süditalien stationierten haben bis vor kurzem unter Caesars Befehl in Gallien gekämpft. Deren Loyalität gegenüber Pompeius und dem Senat ist alles andere als gewiss.

In Anbetracht ihrer schwachen Stellung haben die Senatoren hoch gepokert. Gegen ein nicht nur militärisch, sondern auch politisch versiertes Genie wie Caesar grenzt das an Selbstmord. „Trotz seiner enormen Überlegenheit zur See und den Schwärmen von Abhängigen, auf die er sich im Osten verlassen konnte, hatte übertriebener Optimismus Pompeius zu einem schlechten Start veranlasst", urteilt Michael Grant (1969, S. 124). Und nicht nur ihn, sondern auch die Pompeius in militärischen Dingen blind vertrauenden Senatoren.

Mit der clementia Corfiniensis beweist Caesar menschliche Größe

Und es kommt noch schlimmer, denn Caesar führt einen antiken Blitzkrieg. Unterwegs nach Rom öffnet eine italische Stadt nach der anderen Caesars Truppen die Tore. Sogar Picenum, die Heimatstadt des Pompeius, ergibt sich kampflos. Widerstand regt sich nur in der Stadt Corfinium in den Abruzzen, einem erklärten Stützpunkt der Senatspartei. Dorthin hatte sich Domitius Ahenobarbus, der erst kürzlich die Nachfolge Caesars als Statthalter in Gallien angetreten hat, mit rund 18 000 Mann zurückgezogen, um sein Heer nach der Ankunft des Pompeius mit dessen Truppen zu vereinen. Als Ahenobarbus die Meldung erhält, dass Pompeius nicht kommt, macht er Anstalten zur Flucht. Seine Soldaten bieten daraufhin die Kapitulation an. Am nächsten Morgen lässt sich Caesar alle Senatoren, Senatorensöhne und Ritter am Ort vorführen, darunter sogar ein Konsul. Die hochrangigen Gefangenen fürchten um ihr Leben. Doch zu ihrer Überraschung bewahrt Caesar sie vor den Übergriffen und Beschimpfungen seiner Soldaten. Zwar drückt er sein Bedauern darüber aus, dass einige der Widerständler seine früheren Gefälligkeiten so schlecht erwidert hätten, trotzdem begnadigte er sie ausnahmslos. Als ihm corfinische Beamte die Kriegskasse des Ahenobarbus aushändigen wollen, verweigert Caesar stolz deren Annahme. Das ist die berühmte „Gnade von Corfinium" *(clementia Corfiniensis),* der erste Akt der sprichwörtlichen Milde Caesars im Bürgerkrieg: Nicht als Usurpator, sondern als ein Mann, der einen rechtmäßigen Krieg führt, will er in Rom Einzug halten.

Dort greift derweil Panik um sich. Die Senatoren packen in aller Eile ihr Hab und Gut zusammen, einige suchen Schutz bei den Truppen des Pompeius, sogar die Konsuln flüchten aus der Stadt, ohne den Göttern die dafür vorgeschriebenen Opfer zu bringen. „Auch Pompeius macht sich davon, versucht mit einem Haufen Legionären einen Hafen an der Adria zu erreichen, um von Griechenland aus die Rückeroberung der Republik vorzubereiten." (Albig, J.-U., 2011, S. 141) Dieser Schritt mag militärisch geboten sein. Politisch aber führt er zur Niederlage.

Wie kopflos der Abzug der politischen Führungsschicht aus der Hauptstadt verläuft, zeigt sich schon daran, dass niemand an den – zugegeben: tonnenschweren – Staatsschatz denkt. So entdeckt Caesar große Goldvorräte, als er nur fünf Wochen nach dem Überschreiten des Rubikons in Rom einzieht. Sein Versuch, Pompeius in Brindisi abzufangen, ehe dieser nach Griechenland übersetzt, gelingt jedoch nicht.

Sieg in Spanien und Diktator für elf Tage

Caesar weiß, was er als nächstes zu tun hat. Im Osten des Reiches liegt Pompeius' Machtbasis. Die kann er im Moment nicht angreifen. Also wendet er sich gen Spanien, um die Gefahr in seinem Rücken zu beseitigen. Das Pompeius zugetane Massalia, heute Marseille, wird von Caesars

Truppen belagert und eingenommen. Er selbst führt seine Soldaten nach Spanien, wo drei von Pompeius Legaten die dort stationierten Legionen befehligen. Dank geschickter Kriegführung gelingt es Caesar im Sommer 49, den Gegner nahe der nordostspanischen Stadt Ilerda ohne große Verluste zur Kapitulation zu zwingen. Wieder lässt er Milde walten gegenüber den Besiegten und sie den Dienst quittieren und abziehen oder auf seine Seite wechseln.

Auf dem Rückweg ereignet sich ein für Caesar seltenes Ereignis. Eine in der oberitalienischen Stadt Placentia, das heutige Piacenza, stationierte Legion meutert und verlangt mehr Sold. Caesar droht zunächst mit der Dezimierung, der härtesten Strafe, bei der jeder zehnte Legionär nach Losentscheid hingerichtet und der Rest unehrenhaft entlassen wird. Eine solche Verschwendung an Soldaten kann er sich im bevorstehenden Kampf gegen Pompeius eigentlich nicht leisten. Doch die Drohung wirkt, und so werden am Ende nur ein Dutzend Rädelsführer zum Tode verurteilt. „Wie schon in Gallien hatte Caesar auch bei Placentia das richtige Gespür dafür, wie die altgedienten Haudegen zu packen waren, und dieses Gespür verließ ihn auch im Laufe des Krieges nicht. (…) Daß Caesars Heer allen anderen an Kampfkraft, Disziplin und Verläßlichkeit überlegen war, hat wesentlich mit seinem Geschick in der Truppenführung zu tun." (Jehne, M., 1997, S. 87)

Zurück in Rom wird Caesar nach der Verabschiedung eines entsprechenden Volksgesetzes zum *dictator* ernannt. In

Abbildung 19: Gaius Julius Caesar elf Tage als Diktator

dieses von der Verfassung ausdrücklich vorgesehene Amt werden Männer mit Ausnahmetalenten zu Alleinherrschern auf Zeit ernannt. Ein halbes Jahr haben sie Zeit, um die römische Republik aus besonders schwerwiegenden Krisensituationen herauszuführen. In der Frühzeit genügte die dafür vorgesehene Ausnahmegewalt von sechs Monaten. Doch je größer Rom wird, desto unpraktischer und ungebräuchlicher wird das Instrument. Erst Sulla führt das Amt ohne Zeitbegrenzung für sich wieder ein, weshalb es für alle Zeit mit seiner Schreckensherrschaft verbunden sein wird.

Mit dem Volksgesetz löst Caesar das formaljuristische Problem, dass weder ausreichend Senatoren noch die beiden Konsuln in Rom weilen, um den erforderlichen Senatsbeschluss sowie die Ernennung durch einen Konsul durchführen zu können. Der Preis, den er dafür bezahlt, ist die Ernennung in ein Amt, dessen Bezeichnung vorbelastet ist. Aber anders lässt sich der Weg zum Konsulat im nächsten Jahr nicht abkürzen, weil nur die beiden Konsuln oder eben ein Diktator die Wahl durchführen können.

Mittlerweile hat Caesar damit begonnen, wichtige Ämter im Senat und in den Magistraten mit Vertrauten zu besetzen. Die Populares haben jetzt die Macht. Schon elf Tage später legt Caesar das jetzt nicht mehr nötige Amt des Diktators wieder ab und ist nun ordentlicher Konsul in seiner zweiten Legislatur. Politisch wieder in der Funktion, die seinem Selbstverständnis am ehesten entspricht, zieht

Caesar seinem früheren Freund und heutigem Feind entgegen. Am 4. Januar 48 sticht er von Brindisi aus in See.

Der Sieg über Pompeius bei Pharsalos

Pompeius hat die Monate seit der Flucht aus Rom genutzt, um in Griechenland Truppen aus den östlichen Teilen des Reiches zusammenzuziehen. Obwohl er mit seiner Flotte den Mittelmeerraum beherrscht, gelingt es Caesar dank der Besetzung Sardiniens und Siziliens, die Getreideversorgung Roms sicherzustellen. Mit der Landung einer Armee von 20 000 Mann bei Palaeste an der Westküste Griechenlands überrascht er seinen Gegner. Notgedrungen muss der zu dieser Zeit in Thessaloniki an der Ägäis weilende Pompeius mit seinen Truppen den Marsch nach Westen antreten.

Zunächst verschanzt er sich in der Küstenstadt Dyrrhachium, wo ihn Caesar belagert. Da Pompeius weitere Verstärkung aus dem Osten erwartet, spielt er auf Zeit, lässt aber seine Soldaten immer wieder kleine Ausfälle gegen die Belagerer wagen, um diese zu zermürben. Das setzt Caesar aufgrund seiner schwierigeren Versorgungslage unter Druck. Deshalb entscheidet er, seine Truppen nach Thessalien in Mittelgriechenland zu verlegen. „He decided to withdraw, marching away from the sea where it was so easy for his enemy to resupply", beschreibt Adrian Goldsworthy (2006, S. 512) Caesars grundvernünftiges Handeln.

Abbildung 20: Schlacht bei Pharsalos

Pompeius ist gezwungen, ihm zu folgen, und wirklich stoßen bald darauf weitere Soldaten zu ihm. Als die Rivalen in der Ebene von Pharsalos erneut aufeinandertreffen, lauern sie zunächst wie zwei Skorpione auf den günstigsten Moment zum Zustechen. Obwohl Pompeius nun wohl über doppelt so viele Truppen und ein Mehrfaches an Reiterei verfügt, verweigert er Caesar zunächst die Schlacht. Um römisches Blut nicht unnötig zu vergießen, würde Pompeius, ähnlich wie Caesar in Spanien, lieber kampflos gewinnen. Allein er darf nicht. „Er mußte sie schlagen, weil seine Senatoren mit ihren kleinkarierten Streitigkeiten und großsprecherischen Ankündigungen für die Zeit nach dem Sieg, mit ihrem blanken Unverständnis und ihrer ätzenden Kritik dabei waren, die für eine Ermattungsstrategie notwendige Disziplin der ganzen Armee zu unterminieren." (Jehne, M., 1997, S. 91)

Am 9. August des Jahres 48 stehen sich die Heere gegenüber. Pompeius' rechte Flanke wird durch einen Fluss gedeckt, die überlegene Reiterei stellt er auf dem linken Flügel auf. Sein Plan ist denkbar einfach: Das Zentrum soll die Stellung halten, während die Reiterei den gegnerischen rechten Flügel sprengt und so den Sieg holt. Gestützt auf seine Erfahrungen in Gallien, bildet Caesar jedoch genau dort eine hinter der Schlachtlinie versteckt aufgestellte Reserve von sechs Kohorten. Zudem übernimmt er dort selbst das Kommando und erwartet den Angriff der gegnerischen Reiterei.

Während Caesar seine Soldaten im Zentrum vorrücken lässt, schlägt Pompeius wie erwartet auf dem rechten Flügel zu. Und reitet in sein Verderben. „At this point, Caesar gave the order for the six cohorts in his fourth line to attack. The legionaries came forward, infantry attacking

horsemen in a way that has been rare throughout history",
schildert Adrian Goldsworthy (2006, S. 522) den entscheidenden Moment der Schlacht. Anstatt ihre Pila zu werfen,
haben die Legionäre den Befehl, sie in der Hand zu halten und damit einen Wall aus Speerspitzen zu bilden. Das
sorgt für Panik unter den angreifenden Reitern. In heillo-
ser Unordnung ziehen sie sich zurück und sind damit kein
Faktor mehr in der Schlacht. „Danach war es ein leichtes,
die Legionen des Pompeius von der Flanke anzugreifen und
aufzurollen." (Grant, M., 1969, S. 151) Dem geschlagenen
Pompeius und einigen Senatoren gelingt es gerade noch
rechtzeitig, aus dem Feldlager zu fliehen, ehe Caesars Legionäre dort einfallen.

Der Rest der feindlichen Armee ergibt sich am nächsten
Tag. Und wieder lässt Caesar Milde walten: Keinem soll
etwas angetan werden, keiner seine Habe verlieren. Nur
diejenigen, die ihm ein zweites Mal in die Hand gefallen
waren, verurteilt er zum Tod, wobei Caesar jedem seiner
eigenen Soldaten das Recht gibt, einen Gefangenen freizu-
bitten. Anschließend fordert er die gegnerischen Soldaten
auf, in seine Armee einzutreten.

Um Marcus Brutus, den Sohn seiner Geliebten Servilia, ist
Caesar außerordentlich besorgt. Ihn lässt er eigens suchen
und nimmt ihn, endlich gefunden, mit großer Freude auf.
Dass sich der 36-jährige Brutus Caesars Truppen anschließt,
erfüllt den Heerführer mit großer Zufriedenheit. Immerhin
ist Brutus der Neffe seines alten Widersachers Cato und ein

sehr überzeugender Verfechter der alten Republik. Wenn solch ein politisches Schwergewicht im Bürgerkrieg die Seiten wechselt, kann das Caesars Sache nur dienlich sein.

Caesar setzt Kleopatra auf den Pharaonenthron

Erst in letzter Minute hatte Pompeius vom Schlachtfeld fliehen können. Bislang ist ihm das Glück treu geblieben. Aber nun begeht er einen tödlichen Fehler.

Im Vertrauen darauf, zum Dank für die frühere Unterstützung des Vaters des noch kindlichen Herrschers Ptolemaios und dessen Schwester Kleopatra wohlwollend empfangen zu werden, segelt Pompeius nach Ägypten. Doch dort wird er „als Verlierer, der nach dem Kalkül der ptolemäischen Hofkamarilla dem Arrangement mit dem Sieger Caesar nur im Wege gestanden hätte, kaltblütig ermordet." (Jehne, M., 1997, S. 91) Als Caesar Anfang Oktober in Alexandria eintrifft, bekommt er nicht nur den Siegelring, sondern auch das abgeschlagene Haupt des Pompeius. Es sagt viel über Caesars noblen Charakter aus, dass er ob des Schicksals seines einstigen Schwiegersohns in Tränen ausbricht.

Pompeius' Tod hat für Caesar allerdings politische Konsequenzen. Mit ihm hätte er sich immer noch einigen und damit die Partei seiner Gegner schwächen können. Aber nun ergreifen die Söhne des Pompeius' Partei für die Optimaten und heben für sie neue Truppen aus, um den Kampf gegen Caesar fortzuführen. Aus Rom kommt die Nachricht, dass Caesar für seinen Sieg bei Pharsalos für ein Jahr zum Diktator ernannt wird und weitreichende Vollmachten zur weiteren Kriegführung erhält. Das macht ihn in den Augen der Pompeianer umso mehr zum Feind.

In Ägypten sticht Caesar in ein Wespennest (vgl. Stähli, A., 2019, S. 96 f.). Der dort regierende Ptolemaios XIII. steht seiner Schwester und Mitregentin Kleopatra VII. feindlich gegenüber. Deren verstorbener Vater hatte Rom gebeten, die paritätische Thronfolge von Sohn und Tochter sicherzustellen. Das ist für den Ehrenmann Caesar eine Pflicht. Aber er ist eben auch ein Mann, und so entspinnt sich im Herbst 48 zeitgenössischen Berichten zufolge eine Liebesbeziehung zwischen dem 52-jährigen Konsul Roms und der blutjungen Kleopatra. Ihr soll im Sommer des darauffolgenden Jahres 47 Caesars einziger Sohn Ptolemaios XV., genannt Caesarion, entspringen.

Kleopatra ist eine überaus kluge, mehrsprachige, hochgebildete, politisch gewandte, aber auch zu jeder Intrige fähige Frau von größtem Liebreiz und mit vollendeten Umgangsformen. Sie, die sich als Tochter des neuen Dionysos und als neue Göttin Isis in Szene setzt, weiß genau, was sie will. Bei ihrem Volk ist sie zwar wenig beliebt. Doch von der kaum 22-jährigen Königin geht ein unwiderstehlicher Reiz aus, der auch Caesar in seinen Bann zieht und dem er letztlich erliegt.

Abbildung 21: Kleopatra VII.

Im sogenannten Alexandrinischen Krieg zieht Caesar für Kleopatra gegen die Soldaten des erst 13-jährigen Ptolemaios XIII. Dessen berühmtestes Opfer ist nicht etwa der junge König, der im Kampf sein Leben verliert, sondern die über Jahrhunderte gut gefüllte Bibliothek, die größte der klassischen Antike und eine Art Akademie von Alexandria. Deren Brand zerstört einen Schatz an Schriften, die uns noch viel über die antike Welt hätten berichten können. Für Caesar kommt dieser Krieg höchst ungelegen, denn es kostet ihn neun Monate, ehe Ägypten unter der De-facto-Pharaonin Kleopatra befriedet ist.

Blitzkrieg in Anatolien

Ehe Caesar nach Rom zurückkehren kann, muss er einen Umweg über Anatolien machen. Dort hat Pharnakes II., der Herrscher des rund um die Halbinsel Krim im Schwarzen Meer gelegenen Bosporanischen Reiches, das Machtvakuum des römischen Bürgerkriegs für sich genutzt. Mit seinen Truppen plündert und besetzt er die Provinz Pontus, die einst zum Bosporanischen Reich gehörte, ehe Pompeius sie für Rom einnahm. Caesar landet im Hafen von Tarsus und zieht in wenigen Tagen über Kilikien nach Pontus.

Bei Zela trifft er am 2. August 47 auf einen übermütigen Gegner. Der Vater des Pharnakes hat dort einst eine Schlacht gegen die Römer gewonnen, „und Pharnakes war so überzeugt davon, daß die Geschichte sich wiederholen müsse, daß er seine Sichelwagen und die Infanterie *hügelaufwärts* angreifen ließ – ein völlig überraschendes Manöver, wie Pharnakes es gehofft hatte", schildert Michael Grant (1969, S. 166) den Auftakt der Schlacht. Caesar kann es kaum glauben. Vier Stunden harten Kampfes genügen ihm für den Sieg. Die Schlachtbeschreibung hält er in einem seiner Briefe noch kürzer: „Veni, vidi, vici" – „Ich kam, ich sah, ich siegte".

Aus Kleinasien zieht Caesar ebenso schnell ab, wie er gekommen ist. Denn in der römischen Provinz Africa, die nach Lage und Umfang in etwa dem heutigen Tunesien entspricht, sammeln seine Gegner eine gewaltige Streitmacht, die den Sprung nach Italien wagen könnte. Angeführt wird sie von Metellus Scipio, einem der energischsten Gegner Caesars im Senat, der jedoch über keine nennenswerte militärische Erfahrung verfügt. Mit dabei sind Gnaeus der Jüngere und Sextus Pompeius, die Söhne des Gnaeus Pompeius, sowie Cato der Jüngere, der Anführer der Senatspartei.

In Vorbereitung seines eigenen Feldzugs hat Caesar bereits einige Legionen nach Sizilien verlegt. Doch ehe er dorthin aufbrechen kann, eilt er im Oktober 47 nach Rom. „Die Probleme, derentwegen Caesar nach fast zweijähriger Abwesenheit so dringend nach Rom gehen mußte, waren teils Folgeerscheinungen des Bürgerkriegs, teils war ihre Lösung notwendig zur Vorbereitung des africanischen Feldzugs", erklärt Christian Meier (1982, S. 493). „Er hatte kaum Anhänger, die sowohl ihm loyal als auch in der Lage waren, die Aufgaben der Politik und des Bürgerkriegs selbstständig und wirksam zu erledigen." Caesar muss meuternde Legionen zurückgewinnen, wirtschaftliche Probleme lösen, die Ordnung in Rom sichern und dabei kluge Personalentscheidungen treffen, um die teils widersprüchlichen Wünsche seiner Anhänger zu befrieden – und ganz nebenbei auch noch den neuerlichen Kriegszug finanzieren.

In Africa lauern mächtige Gegner auf Caesar

Eine gute Vorbereitung auf den neuen Feldzug ist dringend geboten, denn in der Provinz Africa stehen nicht weniger als zehn römische Legionen. Allerdings verfügen sie weder über ihre voller Kampfstärke noch über Kampferfahrung. Der mit Caesars Gegnern verbündete König Juba, der über das an Africa angrenzende Numidien herrscht, stellt vier weitere legionenähnliche Verbände – lokale Streitkräfte, die nach römischer Art organisiert, trainiert und ausgerüstet sind. „The Numidians were famous for their numerous light cavalry and infantry skirmishers – the horsemen having an especially high reputation – and Juba fielded very many of these. There were also no less than 120 war elephants, which were something of a rarity by this period." (Goldsworthy, A., 2006, S. 554 f.)

Seit Hannibals Zug über die Alpen sind Elefanten bei der Reiterei besonders gefürchtet. Pferde scheuen vor dem Geruch, der Größe und dem durchdringenden Trompeten der Tiere zurück und bringen damit die Schlachtordnung ins Wanken. Ohne ein entsprechendes Training ist die Reiterei gegen Elefanten kaum wirkungsvoll einzusetzen. Unbesiegbar sind die mächtigen Tiere allerdings nicht, wie schon Caesars großes Vorbild, Alexander der Große, bei der Schlacht von Gaugamela und am Hydaspes bewiesen hat. (vgl. Stähli, A., 2023, S. 97 ff.)

Doch Caesar hält seinen ganz eigenen Trumpf in der Hand, indem er seinen Gegnern stets einen Schritt voraus ist.

Damit hat er den Überraschungseffekt auf seiner Seite. So auch jetzt: Mit sechs Legionen und 2000 Reitern setzt er mitten im Winter über das stürmische Mittelmeer und erreicht Ende des Jahres 47 die nordafrikanische Küste. Damit haben weder Metellus Scipio noch Cato oder der Numidierkönig Juba gerechnet. Caesar hat nun genügend Zeit, um sein aufgrund der starken Küstenwinde weit zerstreut angelandetes Heer zu sammeln und seine Reiterei den kriegerischen Umgang mit Elefanten, die er eigens aus Italien mitbringt, üben zu lassen.

Seine Gegner setzen zuerst auf Zermürbung und liefern Caesars Truppen viele kleine Scharmützel. Für eine offene Feldschlacht müssen sie sich erst selbst sammeln. Doch auch der erfahrene Feldherr Caesar geht langsamer als gewohnt zu Werke. Zum einen, weil von seinen eigenen Legionen nur eine einzige im Kampf erprobt ist, zum anderen, weil er noch auf Verstärkung wartet. Die kommt in Form von zwei sehr erfahrenen Legionen per Schiff aus Italien, dazu stoßen noch Überläufer aus den gegnerischen Reihen. Von denen gibt es nicht wenige, denn Caesars Onkel Marius steht in Nordafrika immer noch in bestem Ruf. Außerdem stellen seine Widersacher ihren Soldaten nicht viel Beute in Aussicht, für die es sich zu kämpfen lohnen würde. Caesar hingegen verspricht seinen Legionären guten Lohn und gutes Land.

Die Schlacht im nordafrikanischen Thapsus

Als sich die beiden feindlichen Heere am 6. April 46 schließlich am Küstenort Thapsus gegenüberstehen, kommt es zur Entscheidung. Das von Palmen gesäumte Schlachtfeld begünstigt Caesar, denn es liegt zwischen dem Mittelmeer und einem See und ist von zwei Seiten zugänglich. Metellus Scipio muss also seine Truppen teilen und kann die Reiterei und die Kriegselefanten nur an den schmalen Flanken einsetzen. „It was a good opportunity for Caesar. The Pompeians had (…) chosen to take station on terrain that would only permit a simple head-to-head encounter in which his more experienced troops were likely to prevail. His legionaries were keen to attack and confident of victory", schildert Adrian Goldsworthy (2006, S. 566) die Ausgangslage der Schlacht.

Caesar gibt seinen kämpferischen Legionären das Signal zum Angriff und seinem Pferd die Sporen. „The confidence of the army proved justified, for the Pompeians failed to cope with this sudden attack and were quickly routed. (…) The elephants attacking Caesar's right flank were panicked by the hail of missiles from his skirmishers and stampeded back through their own lines." (Goldsworthy, A., 2006, S. 566 f.) Erzürnt über den bereits seit drei Jahren währenden Bürgerkrieg gewähren Caesars Legionäre, anders als noch bei Pharsalos, ihren Gegnern keinerlei Pardon. Am Ende des Gemetzels liegen 10 000 Pompeianer tot auf dem Schlachtfeld. Caesars eigene Verluste betragen kaum mehr als 50 Männer.

Der in der Küstenstadt Utica weilende Cato stürzt sich ins Schwert, als ihn die Nachricht von der Niederlage bei Thapsus erreicht. Er, die unbestrittene moralische Autorität der Senatspartei, hält die vom Diktator Caesar zu erwartende Milde für unvereinbar mit seinem Stolz als Republikaner. Andere führende Männer aufseiten seiner Gegner, darunter Metellus Scipio und König Juba, sterben im Nachgang der Schlacht ebenfalls gewaltsam. Die beiden Söhne des Pompeius entkommen jedoch nach Spanien.

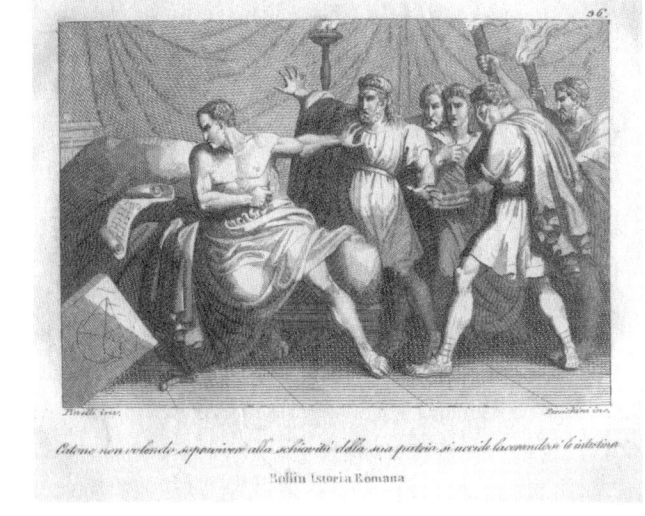

Abbildung 22: Catos Selbstmord

Die Nachricht von Catos Freitod überschattet den Sieg bei Thapsus. Allein, die Welt liebt den Sieger: Viele Adelige, die sich gegen Caesar gestellt haben, wechseln nun auf seine Seite. Als die Nachricht von seinem Sieg in Rom verkündet wird, bricht der Senat in Lobgesänge aus und verlängert Caesars diktatorische Vollmachten auf zehn Jahre.

Alles für Rom: Das große Werk hebt an

Als Caesar im Juli 46 an der Spitze seiner Legionäre in der römischen Hauptstadt Einzug hält, mag er ahnen, dass dort ein gewaltiges Arbeitspensum auf ihn wartet. Nicht nur, dass er Dutzende von Ehrungen annehmen oder ablehnen und den Göttern Dankopfer bringen muss, vielmehr erweist er sich als der oberste Patron der sozialen Fürsorge. Zur Entlastung der Staatskasse erlässt Caesar zwar ein Getreidegesetz, das den Kreis der Getreideempfänger um die Hälfte verringert, aber er sucht die Benachteiligten durch Umsiedlung in neu gegründete Städte gerecht zu versorgen. Sodann beflügelt Caesar die Baupolitik, um Rom und das Reich mit neuen Amphitheatern, *circi* und Stadien zu schmücken.

In den zurückliegenden Jahrzehnten war die Bevölkerung Roms stark gewachsen. Die alten Anlagen des Forum Romanum reichen nicht mehr aus, um den Anforderungen von mehr als einer Million Einwohner zu genügen. Ein weiterer Grund für die Erweiterung des Forum ist gewiss auch der Wunsch nach Selbstdarstellung, wie es die Römer an den griechisch-hellenistischen Königshöfen gesehen und bewundert hatten.

Seit Mitte der 50er-Jahre war es zwischen Caesar und Pompeius zu einem regelrechten Wettstreit um die prächtigsten

Bauten in Rom gekommen. Pompeius hatte mit dem Bau eines Theater den ersten Schritt getan. Den hatte Caesar im Jahr 54 mit Plänen für ein neues Forum beantwortet. Um für die neue Anlage genügend Raum zu schaffen, ließ Caesar die umliegenden Grundstücke aufkaufen und planieren und den Lehmboden des zum Quirinal hin ansteigenden Geländes einebnen. Die Kosten hierfür gibt Cicero in einem seiner Briefe mit 60 Millionen Sesterzen an, die Caesar aus eigener Tasche an die Hausbesitzer für ihre Grundstücke gezahlt haben soll. Andere Autoren berichten sogar von 100 Millionen Sesterzen. Zum Vergleich: Eine komplette Legion des römischen Staats kostete jährlich um die 12 Millionen Sesterzen. (Meneghini, R., 2015, S. 32)

Nun, nach seiner triumphalen Rückkehr nach Rom im Jahre 46, setzt Caesar den noch unvollendeten Bau des am Fuß des Capitols gelegenen Forum Iulium – heute spricht man vom Caesarforum – mit dem Tempel der Göttin Genetrix fort. Dieses erste der vier römischen Kaiserforen ist angelegt um einen rechteckigen Platz von 160 mal 75 Metern Länge und besteht aus Geschäfts- und Verwaltungsgebäuden sowie eindrucksvollen Kolonnaden. In der Mitte des Platzes erhebt sich eine Reiterstatue Caesars. Von dort aus hat man einen guten Blick auf das direkt südlich liegende, von Pompeius angelegte Forum Romanum – honi soit qui mal y pense.

Caesar greift durch

Als ahnte er, dass ihm nicht mehr viel Zeit bliebe, setzt Caesar seine Arbeit für das Gemeinwohl fort. Dabei nimmt er wenig Rücksicht auf die tradierten Privilegien der Oberschicht. Mit einem Gesetz gegen den Tafelluxus, das bestimmte Speisen verbietet und die Anzahl der Bewirtungsgäste beschränkt, mit Verfügungen gegen luxuriöse Kleidung, den Ehebruch oder das Getragenwerden in Sänften beschneidet er die Vorrechte des Patriarchats und erfreut das Volk. Detailreich berichtet der antike Geschichtsschreiber Sueton (2017, S. 56 f.) von Caesars Großherzigkeit: Bedacht wird jeder Bürger, ob nobel von Geburt oder niedrig im Stand, mit reichlichen Gaben von Getreide, Öl und Geld, außerdem bezahlt er jedem Römer die Hausmiete für ein Jahr. Für das Volk lässt Caesar Schauspiele und Gladiatorenkämpfe veranstalten, Zirkusvorstellungen, Athletenkämpfe und sogar ein Seegefecht. Damit erobert Caesar die Herzen der Römer: „Zu all diesen Schauspielen strömte von überall her eine solche Menschenmasse zusammen, daß ein großer Teil der fremden Gäste auf den Gassen und Straßen Quartier nehmen mußte (…)" (Sueton, 2017, S. 58) Und gewiss nicht völlig unbeabsichtigt tragen die Besucher aus der Fremde Caesars Freigiebigkeit rühmend in die Welt hinaus.

Anders als seine Vorgänger hat Caesar auch die römischen Beamten in den Provinzen im Blick, denn auch sie kommen in den Genuss seiner Gaben. Schließlich weiß er aus eigenem Erleben um die schwierige Situation der Verwaltungen außerhalb der Grenzen von Rom. Außerdem ist ihm klar, dass er die Fürsprache der Provinzialen zur Sicherung seiner Herrschaft braucht. Seinen Veteranen verhilft er, wie versprochen, mit einem umfangreichen Ansiedlungsprogramm zum Start in ein neues Leben.

Unter seiner ihm vom Schicksal zugedachten Aufgabe versteht Caesar freilich nicht nur Mildtätigkeit. Neben seinem Herzensprojekt, der Kalenderreform (siehe S. 167), treibt er die Neugestaltung des Senats voran. Er erhöht die Zahl der Prätoren, Ädilen, Quästoren und vergrößert die Beamtenschaft in den unteren Magistraten. Er ändert das Wahlrecht und lässt das Volk die Hälfte der Kandidaten für den Senat bestimmen; die Auswahl der anderen Hälfte behält er sich selbst vor. Die Richterfunktion ist künftig nur noch Rittern und Senatoren vorbehalten, die Rechtsprechung durch die Tribunen wird aufgehoben. Die Volkszählung obliegt nun den Hauseigentümern. Das spart der Stadt Rom Lohn und Brot für 170 000 Beschäftigte, die anderswo mit Leichtigkeit ihr Auskommen finden. Um die Stärke der Stadt nach dem Fortzug von mehr als 80 000 Bürgern in überseeische Provinzen zu erhalten, verleiht Caesar den Heilkundigen und den Lehrern der freien Künste das Bürgerrecht. Weiterhin ordnet er an, „dass kein Bürger über zwanzig und unter vierzig Jahren, außer bei Kriegsdienstpflicht, länger als drei Jahre hintereinander von Italien abwesend sein und daß kein Senatorensohn, außer wenn er dem Kriegsgefolge oder der Zivilbegleitung eines Magistrats angehört, ins Ausland reisen solle." (Sueton, 2017, S. 59)

Caesar, selbst Jurist, verschärft die Strafen für schwere Verbrechen. Und er nimmt den reichen Straftätern, die sich bislang unbeschadet ihres Vermögens ins Exil flüchten können, diese Möglichkeit, indem er ihre Vermögen zur Hälfte oder, bei Mördern, zur Gänze von Staats wegen einziehen lässt. Erpresser und Veruntreuer öffentlicher Gelder verlieren ihren Sitz im Senat. Und ausländische Waren werden mit Zöllen belegt.

Caesars Reformeifer endet allerdings bei der von den hoch verschuldeten Patriziern erhofften generellen Schuldenamnestie. Stattdessen fordert er die Schuldner auf, den Gläubigern mit dem Wert ihrer Besitztümer in der Zeit vor dem Bürgerkrieg abzüglich gezahlter Zinsen Genüge zu tun. An dieser Verfügung erkennt man das republikanische Denken in dem Mann, der sich anschickt, der Republik den Todesstoß zu versetzen.

Endlich kann Caesar seine mehr als verdienten Triumphe feiern

Bei all seinen Aktivitäten achtet Caesar peinlich genau darauf, nicht gegen die republikanischen Vorschriften zu verstoßen. Dennoch wird deutlich, dass sich die Ordnung des Staates auf einen einzigen Mann hin verschiebt. „In den wenigen Monaten seines vierten Rom-Aufenthaltes entfaltete er eine schier übermenschliche Aktivität. (...) Seine Tätigkeit war umfassend: Ehrungen, soziale Fürsorge, Verwaltungsreformen und Sicherungsmaßnahmen seiner

Herrschaft. Dies alles wurde nach dem übergeordneten Prinzip Zuckerbrot und Peitsche, Versöhnung und Kontrolle ins Werk gesetzt." (Baltrusch, E., 2004, S. 118 f.) Als dann noch im Herbst 46 Kleopatra mit Caesars Sohn und ihrem Hofstaat nach Rom kommt und in Caesars Palast jenseits des Tibers Wohnung nimmt, ist jedem Hellsichtigen klar, dass in Rom neue Zeiten angebrochen sind. Bissig notiert Cicero: „Ich hasse die Königin." (zitiert nach Baltrusch, E., 2004, S. 126)

Im Oktober 46 schließlich kann Caesar endlich die ihm bislang versagt gebliebenen Triumphe feiern. Binnen zwölf Tagen zieht Caesar viermal im Triumphzug durch Rom – ein solches Schauspiel hat die Stadt am Tiber noch nicht gesehen. Weil keiner dieser festlichen Umzüge an Siege über römische Mitbürger erinnern soll, gelten sie dem geschlagenen Gallien, Ägypten, Pontus und Africa. Caesar wird von einer noch nie dagewesenen Schar von 72 Beamten begleitet. „In langen Kolonnen ziehen Gefangene, Beutestücke und Schätze durch die Straßen – der Geschichtsschreiber Appian spricht von 60 500 Talenten Gold, dazu 2822 Goldkronen, mehr als 20 000 Pfund schwer. (…) In Gold und Purpur, das Gesicht rot geschminkt wie das Standbild des Göttervaters Jupiter auf dem Kapitol, steht dann der Sieger selbst auf einem vierspännigen Wagen und rollt durch die Straßen", schildert Jens-Uwe Albig (2011, S. 142) das Geschehen. Die mit den prachtvollen Triumphzügen verbundenen Festspiele und Volksspeisungen stellen alles bisher Dagewesene in den Schatten.

Abbildung 23: Triumphzug von Caesar

Der Bürgerkrieg endet bei Munda

Doch entgegen der Hoffnungen des Volkes ist der Bürgerkrieg noch nicht vorbei. In Spanien haben es Gnaeus der
Jüngere und Sextus Pompeius geschafft, erneut eine formi-
dable Streitmacht aus 13 Legionen aufzubauen. Die rekru-
tieren sich vorwiegend aus Spaniern, nur zwei Veteranenle-
gionen und übergelaufene Soldaten des Pompeius sichern
den Erfahrungsschatz. Caesar muss also diesen letzten Krieg
mit größtenteils unerfahrenen Soldaten bestreiten, weil die

andere Seite über mehr römische, das heißt gut ausgebildete Legionen verfügt.

Am 17. März des Jahres 45 steht Caesar seinen Gegnern in der Ebene von Munda bei Osuna im südlichen Spanien gegenüber. Als der inzwischen 54-jährige Feldherr über die weite Ebene und seine zahlenmäßig überlegenen Gegner blickt, denkt er vielleicht kurz an den Ausgangspunkt all seiner Feldzüge zurück, die ihn an diesen kahlen Ort gebracht haben. 13 Jahre ist es nun her, dass er bei Bibracte seine erste Schlacht im Gallischen Krieg schlug. Um ein Zeichen zu setzen, hat er damals die ihm noch nicht vertrauten Legionen zu Fuß angeführt. Das wird auch diesmal notwendig sein.

Der Kampf zieht sich über mehrere Stunden hin, denn das gegnerische Heer leistet harten Widerstand. Die Soldaten an der Seite der Söhne des Pompeius' wissen, dass sie keine Gnade zu erwarten haben. Caesar hat sie nach dem Sieg über Pompeius in seine Dienste genommen, und nun haben sie erneut die Seiten gewechselt. Caesar ist nachsichtig, aber er lässt seine Milde nur einmal walten. „Als Caesar bemerkte, wie seine Truppen zurückgedrängt wurden und zu fliehen begannen, warf er sich ihnen entgegen (…) Dann sprang er vom Pferd, ergriff einen Schild und drängte in die vorderste Linie." (Meier, C., 1982, S. 534) Ein Flankenangriff auf das gegnerische Lager bringt schließlich die Entscheidung. Das gegnerische Heer gerät in Panik und flieht.

Wie sehr der Ausgang der Schlacht bei Munda am seidenen Faden gehangen hat, davon berichtet auch Plutarch: „Als er (Caesar) das Schlachtfeld verließ, sagte er zu seinen Freunden, er habe schon oft um den Sieg, aber heute zum erstenmal um sein Leben gestritten." (um 96, S. 194 f.) Gnaeus der Jüngere wird wenige Tage nach der Schlacht gefangengenommen. Wie sein Vater wird er enthauptet und sein Kopf Caesar überreicht. Sextus hingegen entkommt und wird nach dem Tod Caesars noch eine Rolle spielen. Doch der Bürgerkrieg zwischen Caesar und der von Pompeius unterstützten Senatspartei ist zu Ende.

Der Diktator und die Republik

Nach Caesars Rückkehr liegt alle Staatsgewalt in seinen Händen. Der größte Teil der Senatselite, die sich ihm in den Weg gestellt hat, ist tot. Diejenigen, die sich mehr oder weniger herausgehalten haben, darunter der geniale Redner Cicero, sind von den Schalthebeln der Macht ausgeschlossen. An denen sitzen nun Männer, die ihren gesellschaftlichen Aufstieg und ihre politische Karriere einzig und allein Caesar verdanken – allen voran Marcus Antonius. Cicero gibt den beschämten Noblen Roms einen klugen Ratschlag: „Lasst uns zumindest halbfrei sein. Das können wir erreichen, wenn wir den Mund halten und nicht weiter auffallen." (Will, W., 2009, S. 165)

Der Senat besteht zwar noch, doch die Politik wird fortan in Caesars persönlichem Kabinett gemacht. Er erkennt die wesentlichen Probleme nicht nur, sondern geht sie entschlossen an. Caesar weiß, dass die römische Republik dem Tod geweiht ist. Und als Macher will er den Untergang nach seinen Vorstellungen lenken. „Es sind Monate einer fast unheimlich wirkenden Hyperaktivität auf vier Handlungsfeldern: erstens der Divinisierung der eigenen Person, zweitens der verfassungsrechtlichen Ordnung, drittens der Sozialpolitik und viertens der Reichspolitik", schreibt Ernst Baltrusch (2004, S. 130). „Jede Bewertung der historischen Bedeutung Caesars hat von dieser letzten Phase seiner Herrschaft auszugehen, denn nur hierbei treffen wir den Politiker Caesar gleichsam ohne Verstellung und ohne Rücksichtnahme an." (Baltrusch, E., a. a. O.)

Es gibt immer noch zwei Konsuln, aber Caesar bestimmt deren Namen. Dass Caesar dennoch der Verfassung folgt, macht eine kleine Episode deutlich. Am Morgen des 31. Dezembers 45 erfährt Caesar vom Tod eines Konsuls in der Nacht zuvor. Für nicht einmal einen ganzen Tag lässt er die Stelle neu besetzen, denn am 1. Januar 44 tritt der von Caesar bereits bestimmte Nachfolger an. „Cicero bemerkte bitter dazu, dies sei eine ungewöhnliche Amtszeit, in der keiner zu Mittag aß und der Konsul selbst nicht schlief." (Grant, M., 1969, S. 188) Ein Gesetz ermächtigt Caesar zudem, die Beamten für einen großen Teil der höheren Posten zu „empfehlen", die dann von der Volksversammlung bestätigt werden.

Abbildung 24: Römische Münze von Caesar

Anders als während seines politischen Aufstiegs vor dem Gallischen Krieg ist dem Diktator auf dem Zenit seiner Macht das Volk nicht mehr wichtig. Dessen soziale Lage ist jedoch prekär, weil als Folge des Feldzugs in Gallien das Angebot an Sklaven deutlich gestiegen ist und weil immer mehr Arme vom Land nach Rom strömen und sich für Billiglöhne verdingen. Mit Festessen, Geldgeschenken und Getreidespenden geizt Caesar jedoch nicht. Damit gelingt es ihm, den Plebs einigermaßen ruhig zu halten und eine Eskalation der sozialen Spannungen zu vermeiden.

Gottgleiche Verehrung in Rom

Seit seiner Rückkehr aus Spanien lässt sich Caesar in unzähligen Festen wie einen Gott verehren. Einen offiziellen Titel, außer dem des Diktators, trägt er jedoch nicht. Dass er jetzt vermehrt Purpurgewänder und Lorbeerkränze anlegt, bleibt weder den Senatoren noch dem Volk verborgen. Will er womöglich König werden? Nach einem berühmten Bonmot von Napoleon I ist Caesar da schon sehr viel mehr: „Il a été six mois maître du monde" – Er war sechs Monate lang Herr der Welt.

Indes, die dunklen Wolken verdichten sich. Seit mit Lucius Tarquinius Superbus im Jahr 509 v. Chr. der letzte König aus Rom abtreten musste, ist dieser Titel in Rom ein Unwort. Allein die Trennlinie zwischen dem Allleinherrscher Caesar und dem Königtum verschwimmt in den Augen der Römer zusehends. Erst recht, als er Anfang Februar des Jahres 44

Abbildung 25: Münze mit Vergöttlichung von Caesar

den ihm angetragenen Titel des *dictator perpetuo,* also des Diktators auf Lebenszeit, annimmt. Wüsste das Publikum, dass Caesar seinen Großneffen Octavian bereits zum Erben auserkoren hat, wären die Noblen der Stadt sehr beunruhigt.

Nur wenige Tage später kommt es beim Lupercalienfest zu einer denkwürdigen Szene. „Caesar saß, angetan im Triumphalgewand und goldenem Kranz im goldenen Sessel auf der Rednertribüne am Forum. Sein Consulatscollege und bedeutendster Gefolgsmann Marcus Antonius (…) ‚legte' ihm – wie Cicero sagt – ein Diadem ‚auf‘. Caesar wies es zurück und ließ es dem Jupiter als dem einzigen König Roms schicken", schildert Christian Meier den Vorfall (1982, S. 565). Mit dieser Geste demonstriert Caesar, dass er nicht nach der Königswürde strebt.

Vielmehr plant er zu dieser Zeit bereits einen neuen Feldzug. Diesmal soll es gen Osten gehen, gegen das Reich der Parther, die auf dem Gebiet des heutigen Iran und Irak herrschen. Der Sieg der Parther über Marcus Linius Crassus, Caesars ehemaligen Kollegen im Triumvirat, ist auch neun Jahre später weder vergessen noch gerächt. Damals haben die Römer in der Schlacht von Carrhae im nördlichen Mesopotamien nicht nur den Verlust von sechs Legionen, sondern auch den Tod ihres Anführers hinnehmen müssen. Zudem fallen die Parther immer wieder in die östlichen Provinzen des Römischen Reiches ein. „So zog Cäsar jetzt sechzehn Legionen und zehntausend Reiter und Bogenschützen zusammen, um mit einer größeren Macht als je zuvor in Parthien einzubrechen." (Grant, M., S. 198) Und wären die Parther einmal besiegt, was würde Caesar daran hindern, es Alexander dem Großen gleichzutun und weiter Richtung Indien vorzudringen? Der Abmarsch wird auf den 18. März 44 festgelegt.

Was in dieser Zeit in Rom geschehen würde, können sich die Bürger ausmalen, denn schon während des kurzen Krieges in Spanien hat Caesar den normalen Regierungsbetrieb außer Kraft setzen lassen. Stattdessen haben acht von Caesar eingesetzte Präfekte regiert, die ihre Erlasse notfalls mit Hilfe der ihnen zur Verfügung stehenden Kohorten durchsetzen.

Die Verschwörer sammeln sich

Die Aussicht, dass Caesar als Diktator auf Lebenszeit für mehrere Jahre im Kreis seiner Offiziere und Soldaten im Osten Krieg führt, während Rom von höheren Beamten mehr schlecht als recht verwaltet wird, alarmiert die sich bereits im Hintergrund sammelnden Adeligen und vermögenden Bürger. „Unter den Verschwörern, etwa sechzig Männern, (…) fanden sich ehemalige Pompeianer und Caesarianer. Die führenden Persönlichkeiten standen alle hoch in der Gunst des Dictators. Trebonius war 45 Consul gewesen, Decimus Brutus war zum Consul 42 gewählt, Gaius Cassius Longinus und sein Schwager Marcus Brutus waren Prätoren und sollten 41 Consuln werden." (Meier, C., 1982, S. 569)

Die Anführer der Konspiration, Marcus Iunius Brutus und Gaius Cassius Longinus, haben bei Pharsalos noch gegen Caesar gekämpft. Als sie nach dessen Sieg zu ihm kommen wollen, bezeugt er ihnen nicht nur seine Milde, sondern befördert sie sogar. Manchem reicht das nicht. Cassius Longinus, der mit Crassus gegen die Parther gekämpft hat, nimmt es Caesar übel, dass er ihm für den geplanten Feldzug kein wichtiges Kommando anvertrauen will.

Sein Schwager Marcus Brutus steht dem Feldherrn einerseits seit Kindesbeinen nahe. Andererseits fühlt er sich seinem Onkel, dem Erzrepublikaner Cato dem Jüngeren, moralisch zur Bewahrung der Republik verpflichtet. Spätestens als Caesar Diktator auf Lebenszeit wird, kann es für Brutus keinen Zweifel mehr geben, dass Rom vielleicht nicht de jure, aber sicher de facto einen Alleinherrscher hat. So stellt er sich schließlich an die Spitze der Verschwörung. „Die Faszination, welche Caesar auf viele der Verschwörer ausgeübt hatte, war verblasst: Nur noch den Tyrannen konnten sie in ihm sehen. Das Bewußtsein der Pflicht schirmte sie ab gegen die Erfahrung der Person, ihrer Großzügigkeit und ihrer Milde. Sie konnten ihn nicht schonen, obwohl er vielen von ihnen das Leben geschenkt hatte." (Meier, C., 1982, S. 573)

Die Iden des März

Den Verschwörern gegen Caesar gelingt es, ihre mörderischen Absichten zu verbergen. Dennoch wissen Caesar und seine Anhänger um die stete Gefahr eines Attentats. „Zweifellos wußte er, daß Mord möglich war, aber er sah ihm mit einer Mischung von Verachtung und Fatalismus entgegen." (Grant, M., 1969, S. 204) Caesar entlässt sogar seine spanische Leibwache, denn er will lieber unerwartet sterben, als im Ruf eines Tyrannen zu stehen. Das bezeugt ein Ereignis vom Abend des 14. März. Caesar ist zu Gast bei seinem Vertrauten Lepidus. Im Gespräch stellt jemand in der Runde die Frage, welcher Tod wohl der angenehmste sei, woraufhin Caesar entgegnet: ein plötzlicher, unerwarteter.

Am 15., genau in der Mitte des Monats März, brechen die Iden an. Sie werden in die Weltgeschichte eingehen als Metapher für bevorstehendes Unglück. Für diesen Tag ist die letzte Senatssitzung anberaumt, ehe Caesar drei Tage später mit seinen bereitstehenden Truppen zum Feldzug gegen die Parther aufbrechen will. Seit das alte Senatsgebäude vor acht Jahren bei einer Revolte zerstört wurde, versammelt sich der Senat in der großen und prächtig ausgeschmückten Halle neben dem Theater des Pompeius. Caesars ehemaliger Verbündeter hat es zwischen 61 und 55 in Erinnerung an seine Siege in Spanien, Afrika und Asien errichten lassen. „It was the first permanent stone theatre ever to be built in the city and Dio still considered it to be one of Rome's most spectacular features almost three centuries later." (Goldsworthy, A., 2006, S. 416)

Ungeduldig warten die Verschwörer im Saal auf Caesars Eintreffen. Doch der fühlt sich nicht wohl, er hat in der Nacht unruhig geschlafen. „Seine Frau Calpurnia soll ihn bestürmt haben, zu Hause zu bleiben, da sie von unheilverheißenden Träumen geplagt worden war." (Jehne, M., 1997, S. 116) Nur mit Mühe kann Decimus Brutus den zögernden Diktator überreden, die Senatssitzung zu leiten. Auf dem Weg zum Theater des Pompeius begegnet Caesar einem Seher, der ihm für den heutigen Tag Unglück prophezeit. Spöttisch ruft Caesar ihm zu, dass die Iden des

Märzes gekommen seien, das sei ein gutes Omen. Dieser erwidert, dass sie gekommen, aber noch nicht vorbei seien. „Als Caesar sich dem Versammlungsraum näherte, versuchte ein Grieche, der früher einmal der Lehrer des Brutus gewesen war, ihn anzusprechen, und steckte ihm eine warnende Notiz zu." (Grant, M., 1969, S. 204) Doch auch diese letzte Gelegenheit, das Unglück abzuwenden, bleibt ungenutzt.

In der Halle angekommen, erheben sich die Senatoren von ihren Plätzen. Einige der Verschwörer stehen hinter dem Sessel, auf dem Caesar Platz nehmen wird. Dahinter erhebt sich auf einem Sockel eine imposante Statue des Pompeius, dem Erbauer des Theaters. Gut möglich, dass Caesars Blick sie streift, als er durch die Reihen der Senatoren schreitet. Vielleicht erinnert er sich, dass ihm der abgeschlagene Kopf des Pompeius vor gerade einmal vier Jahren in Alexandria überreicht wurde. Schon damals hat Caesar nicht nur das Schicksal seines ehemaligen Schwiegersohns beweint, sondern auch über die Wechselhaftigkeit des Glücks sinniert.

Im blassen Licht des Frühlingsmorgens treten die Mörder aus dem Rund der steinernen Bänke hervor und an Caesar heran. Tillius Cimber fällt vor ihm auf die Knie und bittet um die Rückberufung seines verbannten Bruders. Caesar lehnt ab. Nun zerrt Tillius an dessen Toga – es ist das verabredete Zeichen, um die Dolche zu zücken. Es folgt Stich auf Stich, auch Cassius und Brutus verwunden Caesar im Gesicht und an der Leiste. „Then, the dictator covered his head with his toga and collapsed, falling next to the pedestal of Pompey's statue. There were twenty-three wounds on his body." (Goldsworthy, A., 2006, S. 619) Wir wissen nicht, wer letztlich den todbringenden Stich geführt hat. Wir wissen nur, dass auf diese schmähliche Weise das Leben des größten Römers aller Zeiten geendet hat. Am Todestag Caesars schreibt Cicero: „Wir hätten diesen Mann eigentlich ‚König' nennen sollen, denn in Wahrheit hatte wir einen König." (Strauss, B., 2015, S. 78 f.)

Abbildung 26: Ermordung Caesars von Senatoren

Nicht das Ende, aber der Anfang vom Ende der römischen Republik

Das erklärte Ziel der Attentäter, mit ihrer Tat die Republik retten zu wollen, scheitert. Denn für die Zeit nach Caesars Tod fehlt ihnen ein Plan. Stattdessen folgt ein neuer Bürgerkrieg, in dem die Hauprädelsführer der Verschwörung durch Caesars Vertrauten Marcus Antonius und seinen Großneffen und Adoptivsohn Octavian in der Schlacht bei Philippi ein gewaltsames Ende finden werden. Zwölf Jahre später, im Jahre 30 v. Chr., werden sich diese beiden, nunmehr erbitterte Rivalen, bei Actium vor der Westküste Griechenlands gegenüberstehen. Siegreich aus dem Kampf hervorgehen wird Octavian. Als Kaiser Augustus wird er 41 Jahre lang über das ganze Römische Reich herrschen. Die römische Republik aber wird Vergangenheit sein.

KAPITEL 5

Der Reformer

Die Rolle Caesars im Übergang zwischen Republik und Kaiserreich

Der Übergang von der römischen Republik zum Römischen Kaiserreich war ein entscheidender Wendepunkt in der Geschichte des antiken Roms. Gaius Julius Caesar spielte dabei eine ganz entscheidende Rolle. Mit seiner in Kleinasien und Spanien geübten und in Gallien zur Vollendung gereiften Kriegskunst sowie mit seinen strategisch entworfenen und geführten Kämpfen gegen einen im alten Denken verhafteten Senat trug er maßgeblich zum Ende der späten römischen Republik bei. Damit ebnete er den Weg Roms für die spätere Umwandlung in eine Monarchie, den sogenannten Prinzipat.

Die Ausgangslage bei Caesars Geburt

Die römische Republik bestand als politische Ordnung von 509 bis etwa 27 v. Chr. Während dieser Zeit wurde Rom von zwei jedes Jahr neu gewählten Konsuln regiert, hinter denen einflussreiche Gruppen aus dem alten Adel standen oder, seltener, das Militär. Im Laufe der Jahrhunderte intensivierten sich die Machtkämpfe zwischen den tonangebenden Familien. Mit der Zunahme der Klientelpolitik, also der Verfolgung einer interessengeleiteten Politik unter Ausklammerung des Gemeinwohls, nahmen die Spannungen zwischen den sozialen Klassen zu. Das auch deshalb, weil die militärischen Expansionen, wiewohl einträglich für die in fremde Länder entsandten Statthalter, von den römischen Bürgern hohen Tribut forderten. Der Zustrom an Steuern in die Staatskassen hielt nicht Schritt mit den Bedürfnissen der Stadt und ihrer Bewohner. Gleichzeitig strömten immer mehr Menschen aus den umliegenden Landen in die Stadt, sodass das Arbeitskräfteangebot rasant wuchs und die Löhne entsprechend zurückgingen. Während die Oberschicht mit immer höherem Aufwand ihre Privilegien zu wahren suchte, drohte die breite Bevölkerung Roms zu verarmen.

Dass die Republik ihren Zenit überschritten hatte, war Feldherren wie Sulla und Marius durchaus klar. Schon lange vor Caesar hatten sie versucht, die Republik zu dominieren und eine Alleinherrschaft zu errichten. Das Streben nach zentraler Macht und stärkerer Kontrolle war unübersehbar. Doch nur mit halber Kraft bemühten sich die Anhänger der Republik, wortgewaltige Philosophen wie Cicero und um ihren Besitz fürchtende adlige Populisten, um die Aufrechterhaltung der alten Ordnung. Der starke Einfluss des Klientelwesens auf die Demokratiepraxis ließ sachliche oder programmatische Erwägungen bei den Wahlen vor der Orientierung an Personen zurücktreten.

Was zu Beginn des ersten vorchristlichen Jahrhunderts ein Ausnahmeglück war für die Stadt. Denn inmitten dieser politisch wie gesellschaftlich unruhigen Zeiten erwuchs Rom mit Gaius Julius Caesar ein genialer Feldherr, ein begnadeter Politiker und ein hochgebildeter Denker, der sich mündlich wie schriftlich vorzüglich mitzuteilen verstand. Rom verdankt seine Erneuerung dem Krieger und Staatsmann Caesar. Wir aber verdanken dem Chronisten Caesar unser heutiges Wissen über diese atemberaubend spannende Periode der römischen Geschichte.

Caesar strebte nach Veränderung, weil er in einem anderen Rom leben wollte

Während sich die Republik unaufhaltsam ihrer größten Krise näherte, dachte niemand – trotz aller Klagen über einzelne Missstände – an ihren Untergang. Auch Caesar nicht. Als Mitglied einer angesehenen Familie und prädestinierter höherer Beamter wollte er die römische Republik keineswegs zerstören. Aber schon als junger Mann erkannte er hellsichtig, dass sie in ihrer bisherigen Form keine Zukunft hatte. Caesar wollte Rom verändern, erneuern, und sei es zunächst auch nur, weil er für sich selbst darin eine Zukunft suchte. So tat er das, was für einen jungen Mann ganz typisch war, dem eine Senatskarriere vorbestimmt war: Er machte durch spektakuläre Anklagen von sich reden und verdiente sich erste militärische Sporen. Dabei ließ er bei letzterem bereits das Gros seiner Konkurrenten hinter sich, ebenso in der Aufwendung von enormen Summen, die ihm Bekanntheit und Popularität verschaffen sollten. Das war die Basis für Caesars spätere Karriere, die mit dem Jahr 63 v. Chr. die entscheidende Wende erfuhr.

In diesem Jahr, unter Ciceros Konsulat, begann der Stern Caesars aufzuleuchten. Mit der Wahl zum Prätor für das folgende Jahr und der Erhebung zum *Pontifex maximus* konnte er die hinteren Bänke im Senat verlassen. Über die Unterstützung Catilinas kann man sich streiten, Gerüchte einer engeren Beteiligung Caesars kursierten, sind jedoch nicht bewiesen. Es blieb eine Episode, und sie hat ihm nicht geschadet. Überhaupt verstand es Caesar meisterhaft, zugunsten seiner Karriere die richtigen Entscheidungen zu treffen und die richtigen Bündnisse einzugehen.

Der Erneuerer der Kriegskunst

Das Ende des Konsulatsjahres markiert eine deutliche Zäsur; es „endet die Geschichte des politischen Caesar", genauer: deren erster Teil, und es „beginnt die des militärischen" (Will, W., 2009, S. 93). Da in Rom der Sieg auf dem Schlachtfeld mehr zählte als die argumentativ überlegene Rede im Senat, wusste Caesar genau, dass er zuerst einen bedeutenden militärischen Sieg erringen musste, um als Politiker etwas bewegen zu können. Und so brach er auf, um die Gallier zu unterwerfen – jene keltischen Stämme auf dem Gebiet des heutigen Frankreichs, die sich Rom lange Zeit widersetzt hatten.

Mit seinen Erfolgen im Gallischen Krieg hat Caesar Militärgeschichte geschrieben und eine Bedeutung gewonnen, die in mancher Hinsicht größer noch ist als die des Perikles und Alexanders des Großen. Nicht etwa, weil er neue

Waffen ersonnen, ungewöhnliche Angriffsformen erdacht oder die Kohorte in der organischen Verbindung von gut ausgebildeten Schützen, starker Kavallerie, intelligenter Feldbefestigung und systematischer Versorgung erfunden hat. Nein, all das fand Caesar schon vor, die Struktur, die Mittel, die Ideen, die Methoden. Aber er kombinierte sie neu und verlieh ihnen mit seiner Führungskunst und dank seines unerschütterlichen Glaubens an sich selbst und die römischen Legionen einen enorm starken Antrieb. Der Historiker Hans Delbrück (2006, S. 684) formuliert es so: „Er bringt sie in der reichsten Allseitigkeit, im größten Maßstab und in der vollendetsten Form zum Ausdruck und zum Zusammenwirken."

Caesar war kein Freund von dem, was wir heute einen Abnutzungskrieg nennen. Er wollte – in diesem Punkt ist der britische Historiker Ronald Syme längst widerlegt – seine Gegner möglichst auf einen Schlag vollständig unterwerfen. Das natürliche Mittel schien ihm der Angriff auf die Hauptmacht. Und so suchte er als Herr des Feldes stets die Entscheidungsschlacht. Im Unterschied zu anderen nachmalig gerühmten Feldherren wusste Caesar, dass das Hinarbeiten darauf eben nicht im blinden Drauflosgehen besteht, sondern im Erspähen und in der kunstvollen Gestaltung günstiger Bedingungen, seien es Zorn, Furcht, Ohnmachtsgefühle oder Hunger im gegnerischen Lager – wiewohl letzteres Schicksal ausgerechnet der Gallier Vercingetorix dem Caesar zugedacht hatte. Davon berichtet Caesar selbst im siebten Band seiner Kriegstagebücher (S. 161 f.). Und wenn er günstige Bedingungen erkannt hat, dann zögerte er nicht. Gegen Caesars Offensive konnte die stärkste Defensive nichts ausrichten, er türmte einen Sieg auf den anderen, seine Strategie war der Blitz, und in der Vereinigung von Schwert und Hunger brachte er fast jeden Krieg in einem einzigen Feldzug zu Ende. „In dieser ungeheuren Steigerung liegt seine Originalität." (Delbrück, H., 2006, S. 687)

Ihn aber nur kühn zu nennen, wäre zu kurz gegriffen. Er war auch alles andere als ein Hasardeur. „Allerdings blieb Caesar – anders als Alexander und der große Korse – stets der Realität verhaftet; am Rhein wie in Britannien begnügte er sich mit dem Erreichbaren und verzichtete auf militärische Abenteuer." (Elbern, S., 2008, S. 107). Caesar hat jeden seiner Schritte mit kluger Besonnenheit und Berechnung geplant. Seine Strategie zielte nicht etwa darauf, am entscheidenden Punkt, auf dem Schlachtfeld, stets die numerische Überlegenheit zu haben. Im Gegenteil: Er schlug viele Schlachten mit einer deutlich kleineren Armee als sein Gegner. Es war geradezu seine Spezialität, Strategien und Taktiken zu entwickeln, um den eigentlich überlegegegen Feind doch zu übermannen. Gelingen konnte ihm auch das, weil er, hervorragender Menschenführer, der er war, sich des Mutes und des Leistungswillens seiner Soldaten sicher sein konnte.

Eine Facette der Führungsgabe Caesars war seine weithin anerkannte Milde und Nachsicht gegenüber seinen Gegnern. Die bis dahin völlig unübliche Schonung von

Abbildung 27: Erneuerer der Kriegskunst

Feinden, bekannt als *clementia Caesaris,* zeigte sich besonders im Bürgerkrieg, so zum Beispiel bei der Eroberung der Stadt Corfinium in Mittelitalien (siehe S. 114). Sie war mit Pompeius verbündet. Um den Staat zu bewahren, bot Caesar seinem Gegner Friedensverhandlungen an und schützte nach deren Abschluss die Bevölkerung vor Misshandlungen durch römische Soldaten. Auch die Kriegskasse der Stadtbewohner – dazu gedacht, den Eroberer gnädig zu stimmen – nahm Caesar nicht an. Er befahl, sie ihnen zurückzugeben.

Caesars sprichwörtliche Milde folgte einem Programm, das er so in einem Brief umriss (zitiert nach Meier, C., 2018, S. 448): „Versuchen wir auf diese Weise, wenn wir können, die allgemeine Meinung wiederzugewinnen und einen dauerhaften Sieg zu erlangen. Denn alle anderen haben wegen ihrer Grausamkeit dem Haß nicht entgehen und ihren Sieg nicht länger behaupten können, abgesehen allein von Sulla, und den werde ich nicht nachahmen. Das sei die neue Art zu siegen, daß wir uns durch Erbarmen und Großmut sichern."

Die Milde Caesars wird im Kontrast zu Pompeius' Verhalten besonders deutlich. Während dieser zu Beginn des Bürgerkriegs jeden zum Staatsfeind erklärt hatte, der nicht auf seiner Seite stand, ließ Caesar verkünden, dass er alle Neutralen als Freunde behandeln würde. Das brachte ihm großen Zulauf, denn die Mehrheit wollte keinen Bürgerkrieg. Nach dem Sieg verzieh er seinen Feinden und gab ihnen ihre Ämter zurück, anstatt sie wie einst Sulla verfolgen und

Abbildung 28: Forum Iulium

ermorden zu lassen. Denn Caesar wollte kein Gewaltherrscher sein. „Caesar hielt begütigende Reden vor Senat und Volk, sie sollten nicht besorgt sein: er wolle keine Tyrannis aufrichten, sich vielmehr mit den Senatoren beraten." (Meier, C., 2018, S. 522)

Im Bürgerkrieg zeigte Caesar darüber hinaus noch eine andere Seite von sich: Er schätzte den Wert der Topologie hoch ein und nutzte die damalige Technik, um sie zu seinen Gunsten zu beeinflussen. Man liest in seinen Commentarii, mit welchem Eifer er die Befestigungen des Rhoneufers gegen die Helvetier, das Lager an der Aisne, die Erfindung der langen Sicheln im Seekrieg gegen die Veneter, die Rheinbrücken, die Belagerungsmaschinen von Avaricum und Massalia, die Annäherungshindernisse um Alesia, den Einschluss des Pompeius bei Dyrrhachium ersonnen und vorangetrieben hat. Eine streng technische Anleitung geben seine Kriegstagebücher freilich nicht. Die Belehrung geben seine Taten selber, nicht die Worte. Hätte Hannibal wie Caesar operiert, wäre er stärker in die Offensive gegangen, hätte die römischen Heere eingeschlossen und ihre Versorgung unterbunden, so wäre die Alte Welt nicht lateinisch geworden.

Politik neu gedacht: Caesar ist dem Senat immer einen Schritt voraus

In Gallien war Caesar von einem Erfolg zum nächsten geeilt. Schon vor seiner Rückkehr nach Rom erkannte er jedoch, dass er allein jetzt noch zu schwach war, um gegen den Senat und das brüchige parlamentarische System vorzugehen. Daher verbündete er sich kühl berechnend mit dem waffenklirrenden Pompeius und dem wohlhabenden Crassus. Im Triumvirat um 60 v. Chr. vereinbarten die drei Männer, dass nichts im römischen Staat geschehen dürfte, was dem Willen eines von ihnen widersprach.

Mit diesem Bündnis hat Caesar seinen stärksten Konkurrenten Pompeius ausmanövriert. Denn dieser hätte es durchaus in der Hand gehabt, mit seinen Legionen den korrupten und machtsüchtigen Senat in Rom zu Fall zu bringen. Die Senatstruppen hätten ihn nicht daran hindern können, und das Volk war inzwischen daran gewöhnt, dass der Staat seine Kraft nur aus der Leitung eines einzelnen Mannes bezog. Doch Pompeius griff nicht nach der Macht. Erst mit Caesar kam ein Mann, der kaltblütig genug war, das hergebrachte Regelwerk durch sein eigenes zu ersetzen.

Vor Antritt seines zweiten Konsulats sah sich Caesar, noch immer im Norden weilend, in einer noch schwierigeren Lage. Inzwischen hatten die Senatoren mit Pompeius ihren Frieden gemacht und ihn im Jahr 52 sogar zum alleinigen Konsul gewählt. Um sich für das Jahr 50 um das Konsulat bewerben zu können, hätte Caesar persönlich nach Rom kommen und das Risiko eingehen müssen, dass ihn der Senat mit einem anderen Statthalter ablösen würde. Außerhalb Roms hatte Pompeius zudem Teile seiner Armee stationiert, die Caesars Einreise zu verhindern gewusst hätte. Und selbst wenn nicht, hätte ihn in Rom eine Anklage erwartete, die seine Bewerbung obsolet gemacht hätte.

Für die darauffolgende Legislatur gewann Caesar mit dem qua Funktion mit Vetomacht ausgestatteten Volkstribun Curio einen Helfer. Der schlug vor, dass sowohl Pompeius als auch Caesar ihre Heere abgeben sollten, bevor sie sich zur Wahl stellten. Die Senatoren, die für Curios Vorschlag stimmten, und es war die große Mehrheit, waren gewiss nicht allesamt Freunde von Caesar. Aber sie scheuten den Bürgerkrieg und „(…) nur die kleine Gruppe der Caesargegner war entschlossen, sich auf das zweite Consulat Caesars unter keinen Umständen einzulassen und dafür einen Bürgerkrieg in Kauf zu nehmen." (Jehne, M., 2009, S. 90) Curios Vorschlag wurde niemals umgesetzt.

Nach einige Versuchen, mit Pompeius bilateral zu einer gütlichen Einigung zu gelangen, entschloss sich Caesar zu dem weitreichenden Schritt, mit seinen Truppen auf Rom zu marschieren. Er selbst führte als Grund für seine Entscheidung das destruktive Handeln einer kleinen Clique *(factio paucorum)* seiner Feinde im Senat an: Sie legten der politischen Willensfreiheit Fesseln an, das sei gegen den Volkswillen und das könne er als selbsternannter Verteidiger der Freiheit *(vindex libertatis)* nicht zulassen. Caesar legitimiert seinen Angriff auf den Senat also mit der Rückgewinnung der Freiheit, folglich mit der sittlich wie politisch gebotenen Bewahrung eines Naturrechts. „Er hatte den Bürgerkrieg als vindex libertatis begonnen, und an dessen Ende anerkannte ihn der Senat als liberator." (Raaflaub, K., 2007, S. 239 f.) Diesem unerschütterlichen Argument wird sich sein Nachfolger Octavian/Augustus anschließen – und nach ihm bis heute jeder andere Potentat, unabhängig von der Lauterkeit seiner wahren Motive.

Was Caesar bewog, die Republik herauszufordern

Dass Caesar diesen Schritt tatsächlich wagte – damit dürften seine Feinde im Senat nicht gerechnet haben. Jedoch entsprach es Caesars Gabe, Stimmungen ebenso gut wie seine Kräfte einschätzen zu können, als er trotz aller Warnungen den Rubikon überschritt. „Dass dann schon bald nach Ausbruch des Krieges ein solch prinzipientreuer und der traditionellen res publica verpflichteter Mann wie Cato die Ansicht vertrat, ein noch so schändlicher Friede, in dem

Caesar das erhielt, was er unverschämter Weise forderte, sei einem Bürgerkrieg vorzuziehen, zeigt deutlich, dass man in diesen Kreisen nicht wirklich damit gerechnet hat, dass Caesar einmarschieren würde." (Jehne, M., 2009, S. 92) Caesar selbst war von der Rechtmäßigkeit seines Anspruchs fest überzeugt, versichert Historiker Jehne: „Dies liegt nicht nur daran, dass jeder gute Propagandist in der Lage sein muss, sich selber zu glauben, wenn er denn andere gewinnen will." (Jehne, M., a. a. O., S. 94)

Das Überschreiten des Rubikons war ganz offensichtlich ein Akt der Selbstermächtigung. Aber dank eben dieser Selbstermächtigung, geboren aus Selbstvertrauen und klug begrenzter Ignoranz des Hergebrachten, gelang es Caesar später in seinem zweiten Konsulat, den trotzigen Widerstand des Senats zu brechen. Was nämlich tat Caesar, als die Altvorderen keines seiner Gesetze passieren ließen? Er ging den Weg über die Bande und schickte das Volk vor. Durch die Einschaltung der Volksversammlung, die unter der finanziellen Kontrolle des Triumvirats stand, wurde der Senat mattgesetzt.

Mit der Zulassung einfacher Bürger in höhere Beamtenstellen schmälerte Caesar den Einfluss der Senatoren und vergrößerte seine ohnehin getreue Gefolgschaft. „Indem er die Parteien vernichtete und die Parteimänner nicht bloß schonte, sondern jeden Mann von Talent oder auch nur von guter Herkunft, ohne Rücksicht auf seine politische Vergangenheit, zu Ämtern gelangen ließ, gewann er nicht bloß

für seinen großen Bau alle im Staat vorhandene Arbeits-
kraft", bemerkt der Historiker Theodor Mommsen (2012,
S. 32 f.) treffend, „sondern das freiwillige oder erzwungene
Schaffen der Männer aller Parteien an demselben Werke
führte auch unmerklich die Nation hinüber auf den neube-
reiteten Boden".

Als Alleinherrscher nimmt Caesar weitere Reformen in Angriff

Mit wachsender Zunahme der Bevölkerung nahmen die
sozialen Probleme in Rom merklich zu. Mit großzügigen
Geld- und Nahrungsmittelspenden gelang es Caesar jedoch,
den Unmut der Bürger zu besänftigen und ihre Hoffnungen auf eine Verbesserung der sozialen Situation aufrecht
zu halten.

Caesar wollte Rom auf ein neues politisches Fundament
stellen und weiterbauen. Und das wäre ihm, dem Refor-
mator, auch gelungen, wäre er nicht an einem Frühlingstag
einem feigen Mordanschlag zum Opfer gefallen. Bei vielen
Senatoren waren Caesars politische Reformen auf Missfal-
len gestoßen. Eine Gruppe von Verschwörern ermordete
ihn mit 23 Dolchstichen während einer Senatssitzung am
15. März 44 v. Chr.

Doch auch wenn die Verschwörer Caesar aus dem Weg
geräumt hatten, vereitelten sie damit weder seine Pläne,
noch retteten sie die Republik. Sein Erbe, Gaius Octavius,

wurde unter dem Namen Augustus der erste Kaiser von Rom (vgl. Stähli, A., 2018, S. 45 ff.). Und Caesar, der zu Lebzeiten immer nach unsterblichem Ruhm gestrebt hatte, wurde posthum vom Senat ein letzter Ehrentitel verliehen: *Divus Iulius*. Damit wurde er der erste historisch belegte Römer, der offiziell in den Stand eines Gottes erhoben wurde – und auf diese Weise selbst im Tod noch über all seine Gegner triumphierte.

Obwohl Caesar seine Erneuerungsagenda nicht vollständig umsetzen konnte, legte er doch für viele Reformen den Grundstein. Zu den von ihm initiierten Innovationen gehörte die Einführung des Julianischen Kalenders, wie wir ihn bis heute kennen.

Der Julianische Kalender

Im Jahre 48 v. Chr. war Caesar seinem vor ihm fliehenden Gegenspieler Pompeius nach Ägypten gefolgt. In Alexandria, dem Wissenschaftszentrum der späthellenistischen Welt, wurde er von Gelehrten auf Verbesserungsmöglichkeiten des bisherigen römischen Mondkalendersystems aufmerksam gemacht: Mit 365 Tagen im Jahr statt wie in Rom üblich 355 Tagen und der Einfügung eines zusätzlichen Schalttages alle vier Jahre spiegelte der ägyptische Sonnenkalender die Jahreszeiten wesentlich genauer wider.

Zu Beginn des Jahres 46 beschloss Caesar die Einführung des Sonnenkalenders in Rom. Die Ausarbeitung der

Kalenderreform übergab er einem Ausschuss, der größtenteils aus nicht-römischen Fachleuten bestand und von Sosigenes aus Alexandria geleitet wurde. Man kann davon ausgehen, dass die erste planmäßige Schaltung nach der Kalenderreform im Jahr nach Caesars Tod (44 v. Chr.) erfolgte. Sein Geburtsmonat, der *mensis Quintilis,* also der fünfte Monat des römischen Jahres, wurde in *mensis Iulius,* auf Deutsch „Juli", umbenannt. Der Julianische Kalender galt in den katholischen Ländern bis ins 16. Jahrhundert, dann wurde er von dem noch genaueren Gregorianischen Kalender abgelöst. Die meisten protestantischen Staaten behielten den Julianischen Kalender bis ins 18. Jahrhundert bei, das orthodoxe Russland sogar bis 1918.

Auch das ist neu: Ein Feldherr und Staatsmann als Schriftsteller

Julius Caesar war ein herausragender Schriftsteller. Er genoss eine umfangreiche literarische Ausbildung und wurde in seiner Jugend von seiner hochgebildeten Mutter Aurelia und seinem Großonkel Gaius Julius Caesar Strabo Vopiscus (130 bis 87 v. Chr.) literarisch geprägt. Seine Redekunst und Formulierungskraft verfeinerte er später bei dem Rhetor Apollonius Molon auf Rhodos (siehe S. 32).

Nahezu vollständig erhalten sind Caesars autobiografisch-historische Abhandlungen über seine ab 58 v. Chr. geführten Kriege, insbesondere der Gallische Krieg in sieben Büchern, dem später von fremder Feder ein achter Band hinzugefügt wurde. Diese Werke zählen zu den bedeutendsten Schriften der antiken Literatur und zeugen von seinem herausragenden Talent als Feldherr und Staatsmann. Caesar zeichnete sich durch einen klaren, sachlichen und präzisen Stil aus, der die Ereignisse nüchtern und objektiv ohne literarische Ausschmückung darstellte.

Julius Caesar wollte mit seinen Schriften zweifelsohne auch seine Handlungen rechtfertigen und die öffentliche Meinung zu seinen Gunsten beeinflussen. Als Staatsmann, wie er im Buche steht, verstand er es, seine Taten und Entscheidungen überzeugend darzulegen und zu begründen. Damit trug er maßgeblich zu seinem Ruhm und seiner Unsterblichkeit bei.

Wäre das Kaiserreich ohne Caesar entstanden?

Zu den verlockendsten Gedankenspielen zählt die Vorstellung, wie sich die politische Verfassung Roms entwickelt hätte, wenn das Leben dieses Genies nicht durch feige Mörder ausgelöscht worden wäre. Allein, das werden wir nie wissen können. Tatsache ist, dass sich die internen Kämpfe in Rom nach Caesars Ermordung fortsetzten, bis Octavian als Kaiser Augustus an die Macht kam. Wenn ein anderer Feldherr die Kontrolle über Rom erlangt hätte, wäre das Kaiserreich möglicherweise unter dessen Führung entstanden. Das indes gehört in das Reich der Spekulation. Entscheidend für die Entwicklung zum Prinzipat waren letztlich personenunabhängige, strukturelle Faktoren wie die

Krise der Republik, das Festhalten der Aristokratie an der alleinigen Macht und die Notwendigkeit einer starken Zentralgewalt, um das Reich zusammenzuhalten.

Somit lässt sich sagen, dass die Entstehung des Römischen Kaiserreichs zwar durch Caesars Handlungen beschleunigt wurde, aber auch ohne ihn wahrscheinlich entstanden wäre. Alle Voraussetzungen dafür waren gegeben. Es bedurfte aber eines klugen und mutigen Mannes, um den historischen Schritt tatsächlich zu wagen. Davon allerdings finden sich in jeder Generation nur wenige. Rom hatte ihn in Gestalt von Gaius Julius Caesar. Ob der allerdings von Anfang an einen Plan hatte für so etwas wie einen „Great Reset", darf man bezweifeln. „Die Geschichte ist manchmal so geschrieben worden, als ob Caesar dem Gang der Ereignisse von Anfang an eine bestimmte Richtung gegeben hätte, in dem Wissen, daß eine Monarchie das Allheilmittel gegen die Übel der Welt sei, und mit dem Plan, diese Heilung durch Waffengewalt zu erreichen. Eine solche Anschauung ist zu einfach, um historisch zu sein." (Syme, R., 2003, S. 53)

Das Römische Kaiserreich wäre ohne Caesar durchaus denkbar gewesen. Doch er hat die Hauptrolle bei dessen Entstehung gespielt – nämlich die des Katalysators, der Reaktionen herbeiführt oder beeinflusst, selbst aber unverändert bleibt. 49 v. Chr. eröffnete Caesar den Bürgerkrieg, ab dem Herbst 45 war er faktisch Alleinherrscher des Reiches. „Was immer den großen Trend angeht, dass die Republik auf ihr Ende zutrieb, so haben Caesars Handlungen jedenfalls diese

Entwicklung nicht nur nicht aufgehalten, sondern erheblich beschleunigt", urteilt Historiker Martin Jehne (2009, S. 40). „Dass so die Ablösung der Republik durch eine Monarchie vorangetrieben wurde, ist augenfällig."

KAPITEL 6

Was wir von Julius Caesar lernen können

Selbstvertrauen, politisches Gespür, Loyalität und strategische Kommunikation führen unweigerlich an die Spitze

In den vorangegangenen Kapiteln habe ich den eindrucksvollen Aufstieg Caesars von einem jungen Adeligen unter vielen an die Spitze des Senates und Volkes von Rom geschildert. Auf dem acht Jahre währenden Feldzug in Gallien sowie dem kurz darauf anbrechenden Bürgerkrieg bewies Caesar, dass er völlig zu Recht zu den größten Strategen der Weltgeschichte zählt. Getragen von einem unerschütterlichen Selbstvertrauen, kombiniert mit Charisma und Disziplin, halten die Legionäre auch in scheinbar hoffnungsloser Lage loyal und hingebungsvoll zu ihrem Anführer. Caesar weiß die errungenen Erfolge in selbst verfassten und brillant geschriebenen Zeilen geschickt zum eigenen und dem Ruhme der Republik festzuhalten. Die „Commentarii De bello Gallico" gehörten daher bis heute zum Kanon der politischen Weltliteratur.

Diese Fähigkeiten sind aber nur die eine Seite der faszinierenden Persönlichkeit Caesars. Denn der geniale Stratege erweist sich auch als kluger und vorausschauender Politiker, der wichtige persönliche Kontakte zu pflegen weiß, selbst wenn er viele Tagesreisen von Rom entfernt agiert. So ist Caesar seinen politischen Gegnern im Senat immer mindestens einen Schritt voraus. Legendär ist sein Schmieden des ersten Triumvirats mit Pompeius Magnus und Crassus, die ihm zum Zeitpunkt der Vereinbarung militärisch-politisch beziehungsweise finanziell weit überlegen sind. Doch aus diesem Dreigespann ist es Caesar, der am Ende als Diktator auf Lebenszeit an der Spitze der Republik steht.

Manch Unternehmenslenker mag erwidern, dass er weder mit Legionen ins Feld ziehen noch der erste Mann im Staat werden wolle. Doch das ist kein Grund, sich nicht mit der Persönlichkeit Caesars und seinen besonderen Fähigkeiten zu beschäftigen. Im Gegenteil, man kann sehr viel von ihm lernen. Denn auf Selbstvertrauen und Menschenkenntnis beruhende Führungsstärke, ein gutes Gespür für politische und wirtschaftliche Entwicklungen, eine Mitstreiterschaft, die sich engagiert und motiviert für das Unternehmen einsetzt sowie eine geschickte strategische Kommunikation sind auch heute noch unentbehrliche Fähigkeiten für Vorstände und Geschäftsführer. Doch diese Skills fallen einem nicht einfach in den Schoß, sondern sind das Ergebnis von Lernprozessen und Selbstreflexion.

Caesars Leben stand mehrmals auf dem Spiel. Man denke nur an seine erste Schlacht in Gallien, als der Feldherr und seine Legionen sich noch nicht gegenseitig kannten. Um seinen Soldaten vor dem Kampf gegen die Helvetier bei Bibracte zu zeigen, dass er Seite an Seite mit ihnen kämpfen und dieselbe Lebensgefahr auf sich nehmen wird, lässt er sein Pferd und die der Offiziere außer Sichtweite führen. Nach diesem Sieg vertrauen die Legionäre Caesar blind und folgen ihm, wo immer er sie hinführt. Erst in seiner letzten

Schlacht im spanischen Munda, bei der er vor allem neue Rekruten ins Feld führt, wird er erneut an vorderster Front kämpfen müssen. Dieses Maß an Vertrauen der Geführten in den Führer aufzubauen, ist eine der großen Stärken Caesars, die man neidlos bewundern und sich zum Vorbild nehmen sollte.

Aus dem erfolgreichen Handeln Caesars abgeleitet sind dies meine Thesen, deren Allgemeingültigkeit ich mit Beispielen aus der Welt von heute untermauern werde:

These 1: Caesars Glaube an sich und seine Fähigkeiten lassen ihn auch schwierige Situationen und Rückschläge meistern. Das ist Selbstvertrauen, nicht Arroganz.

These 2: Achte auf die politischen und wirtschaftlichen Stimmungen und nutze diese geschickt für den geschäftlichen Erfolg!

These 3: Baue ein enges Verhältnis zu Mitarbeitern und Kunden auf, dann hast du eine treue Gefolgschaft, die dich auch in schweren Zeiten unterstützt.

These I

Caesars Glaube an sich und seine Fähigkeiten lassen ihn auch
schwierigste Situationen meistern. Das ist Selbstvertrauen, nicht
Arroganz.

Selbstvertrauen ist eine Kraft, die Menschen auch in dif-
fizilen Situationen kühlen Kopf und Zuversicht bewahren
lässt. Caesar verdankt seinen Aufstieg an die Spitze Roms
zum nicht geringen Teil seinem unerschütterlichen Glauben an sich selbst. Eine Anekdote, die das besonders gut
zeigt, stammt nicht etwa aus einer der Schlachten, die Caesar gewann, sondern von seiner 38-tägigen Gefangenschaft
bei Seeräubern in der Ägäis. Die Geiselnehmer fordern für
seine Freilassung ein Lösegeld. Caesar weist sie nonchalant
darauf hin, dass er mindestens das Doppelte wert sei. Und
diese Summe lässt er von seinen Begleitern auch auftreiben
und übergibt sie den Seeräubern. Anschließend bringt er
eine Flotte zusammen, verfolgt und besiegt die Piraten und
befiehlt, sie zu kreuzigen.

Sein nicht nur postuliertes, sondern *unter Beweis gestelltes*
Selbstvertrauen macht Caesar zu einem charismatischen
und glaubwürdigen Anführer. Wann immer seine Truppen
sich den Gegner als übermächtig ausmalen, wie etwa vor
dem Kampf gegen die von Ariovist angeführten Germanen
im Elsass, ergreift Caesar das Wort. Dabei erinnert er die
Offiziere und Soldaten an ihre Fähigkeiten, die gemeinsam
errungenen Erfolge und vermittelt den Legionären Mut und
Siegeszuversicht.

Diese Form des Selbstbewusstseins wird im Sport auch als mentale Stärke bezeichnet. Sie macht in engen Spielsituationen oft den Unterschied zwischen Sieg und Niederlage aus. Im Tennis ist der Schweizer Roger Federer ein leuchtendes Beispiel für diese Form des sicheren Vertrauens in sich selbst. In seiner mehr als 20 Jahre währenden Karriere als Profisportler gewann er 103 Einzel- und acht Doppeltitel, davon 20 Grand-Slam-Titel bei den vier bedeutendsten Tennisturnieren der Welt, den Australian Open, den French Open, den Wimbledon Championships und den US Open. In Wimbledon ist er mit acht Titeln immer noch der unangefochtene „King Roger".

Gerade bei den vier schwierigen Grand-Slam-Turnieren, bei denen nur die Besten der Besten antreten, ist mentale Stärke ein wichtiger Faktor. Die zeigte Roger Federer schon zu Beginn seiner Karriere im Jahr 1998 im Alter von 16 Jahren, als er in Wimbledon das Juniorenturnier gewann. Allerdings galt er in jungen Jahren noch als Hitzkopf, der auch mal laut werden konnte. Dieses Verhalten legte er jedoch sehr schnell ab und baute ein Selbstbewusstsein auf, das ihn befähigte, in entscheidenden Situationen sein bestes Tennis quasiautomatisch abzurufen. Das zeigt sich unter anderem an seiner starken Tiebreak-Bilanz. Roger Federer gewann zwei Drittel aller auf diese Weise entschiedenen Sätze – mehr als jeder anderer Tennisprofi mit mehr als einhundert gespielten Tiebreaks.

Zu seinen größten Konkurrenten fast über die gesamte Karriere hinweg zählte der Spanier Rafael Nadal, mit dem er sich zahlreiche dramatische Duelle lieferte. Eines davon war das Finale der Australian Open 2017. Vor diesem Spiel gegen Rafael Nadal war sich Roger Federer bereits sicher, dass er gewinnen würde. „Wie kam er dazu?", fragt Marco Kühn, Tenniscoach und Buchautor in seinem Beitrag „10 Dinge, die ich von Roger Federer in den letzten 15 Jahren lernen konnte" auf dem Portal tennis-insider.de. Und gibt selbst die Antwort: „Im Laufe des Turniers hatte sich sein Selbstvertrauen unbezwingbar gemacht. Er hatte komplizierte Matches gewonnen, gut gespielt und all das, was er für einen Sieg gegen Nadal brauchte, im Turnierverlauf bereits gespielt. Früh genommene Rückhände, gute Aufschläge, Full-Power von der Grundlinie (...) Er hat sich im Finale selbst vertraut – und gewonnen." Damit revanchierte sich Federer in Melbourne für drei schmerzhafte Niederlagen, die ihm Nadal in Finalpartien in Paris zugefügt hatte.

Manche Zeitgenossen verwechseln Selbstvertrauen und Arroganz, obwohl es zwei grundlegend verschiedene Eigenschaften sind. Während Arroganz das Selbstvertrauen wie ein Potemkin'sches Dorf vorgaukelt, bildet wahre Selbstsicherheit ein sicheres Netz für Rückschläge. Dem US-amerikanischen Unternehmer und Visionär Elon Musk werfen Kritiker zwar gerne Arroganz vor, übersehen dabei aber geflissentlich, dass das enorme Selbstvertrauen dieses Selfmade-Milliardärs auf seinen Erfolgen fußt. Der 1971 in Südafrika geborene Musk gründete bereits mit 24 Jahren mit seinem Bruder sein erstes Start-up im Silicon Valley. Als die beiden es vier Jahre später an den Computerhersteller Compaq verkauften, war der 27-jährige Elon Musk Multimillionär. Als Mitgründer von X.com, einem der beiden Unternehmen, aus denen der Zahlungsdienstleister Paypal hervorging, verdiente Musk weitere Millionen.

Den endgültigen Aufstieg zu einer weltweit bekannten Unternehmerpersönlichkeit brachten dann die Gründung von SpaceX im Juni 2002 und der Einstieg bei Tesla im Jahr darauf. Während sein Raumfahrtunternehmen mittlerweile von der US-Raumfahrtbehörde Nasa unter Vertrag genommen wurde, um Versorgungstransporte zur Internationalen Raumstation ISS zu übernehmen, gilt Musk mit Tesla als einer der erfolgreichsten Pioniere auf dem Markt für Elektrofahrzeuge. Und sein Selbstvertrauen treibt Blüten: „Durch hoch gesteckte Ziele – beispielsweise mit Tesla doppelt so wertvoll wie Apple zu werden – kann er bei seinen Mitarbeitern Selbstvertrauen aktivieren", bestätigt Wolfgang Jenewein, Wirtschaftsprofessor an der Universität St. Gallen (Bücker, T., 2022).

Die Angst vor dem Scheitern treibt einen Ausnahmeunternehmer wie Elon Musk nicht um. Vielmehr sucht er sich Ziele, die zu seinem Ego passen. „Dass er ein begnadeter Visionär ist, Risiken auf sich nimmt und sein Umfeld für seine Ideen begeistern kann, ist unbestritten", konstatiert Nicole Rüti in der Neuen Zürcher Zeitung (2023). „Mit seinen zahllosen Firmengründungen ist er zum Vorbild für eine Generation von Jungunternehmern geworden. Das Selbstbewusstsein des Exzentrikers scheint grenzenlos zu sein, und sein Vermögen liegt laut dem Informationsdienstleister Bloomberg im dreistelligen Milliardenbereich." Eine Summe, die Caesar mit Sicherheit in politisches Kapital umgemünzt hätte.

Das Beispiel Caesars kann auch mehr als 2000 Jahre nach seiner Ermordung Ansporn sein. Eine selbstbewusste Führungspersönlichkeit vertraut auf ihre Stärken, liefert den Beweis und überzeugt so die Mitarbeiter. Gemeinsam erreichte Erfolge stärken dabei nicht nur das Selbstvertrauen der Führungskraft, sondern auch das der Mitarbeitenden. Gerade bei Konjunkturschwankungen, Marktveränderungen oder bei Transformationen ist dann jeder bereit und in der Lage, das Beste aus sich herauszuholen und mühsame Durststrecken auszuhalten.

These 2

Achte auf die politischen und wirtschaftlichen Stimmungen und nutze diese geschickt für den geschäftlichen Erfolg!

Das zweite herausstechende Charakteristikum von Caesar ist seine Fähigkeit, Stimmungen zu erfassen und blitzschnell auf Veränderungen zu reagieren. So ist er seinen Wettbewerbern im Kampf um die Macht in Rom immer einen Schritt voraus. Das erste Triumvirat mit Pompeius und Crassus zeigt, wie Caesar seine Interessen mit denen Stärkerer verknüpft, um selbst voranzukommen. Er wusste: Allein auf sich gestellt, wäre es seinen Gegnern im Senat leicht möglich gewesen, Caesar vor Gericht zu zerren und politisch auszuschalten. Doch als Teil eines mächtigen Triumvirats erhält er die Statthalterschaft an der Grenze zu Gallien, die ihm politische Immunität verleiht und zugleich die Chance eröffnet, militärischen Ruhm zu erlangen.

Gesellschaftliche und wirtschaftliche Trends rechtzeitig zu erkennen oder sie sogar selbst zu entfachen und sich verändernde Machtkonstellationen schnell und richtig einzuschätzen, barg schon immer ein enormes Potenzial für den persönlichen Erfolg. Heute gilt das erst recht für das Geschäftsleben. Und mit kluger Einflussnahme auf die Politik die Rahmenbedingungen für das eigene Geschäft günstiger zu gestalten, hilft ebenfalls.

Ein gutes Beispiel für das richtige Gespür, was gesellschaftlich erwünscht und wirtschaftlich erforderlich ist, liefert der dänische Energieversorger Ørsted. Die Unternehmensführung rund um den 2012 berufenen CEO Henrik Poulsen entschloss sich, das Geschäftsmodell des Unternehmens radikal umzubauen. Das war nötig, denn aufgrund des Preisverfalls von Gas war es nicht mehr konkurrenzfähig und in erhebliche finanzielle Schwierigkeiten geraten. 2010 hieß das Unternehmen noch Dong Energy und war Dänemarks größter Fernwärme- und Stromproduzent. Allerdings stammten 85 Prozent der Wärme- und Stromproduktion aus der Verbrennung fossiler Energien und nur 15 Prozent aus erneuerbaren Energieträgern, weshalb das Unternehmen einer der größten CO_2-Emittenten der Branche war.

Henrik Poulsens neue Strategie sah eine radikale Umkehr des bisherigen Energiemixes vor. Statt zu 85 Prozent auf fossile Energiequellen zu setzen, sollten es mittelfristig 85 Prozent erneuerbare Energie sein. „We saw the need to build an entirely new company (…) We looked at the shift to combat climate change, and we became one of the few companies to wholeheartedly make this profound decision, to be one of the first to go from black to green energy", wird Poulsen in einem Harvard-Business-Review-Beitrag zitiert (Anthony, S. et al., 2019). Mit Blick auf die Geografie Dänemarks setzte Poulsen vor allem auf Offshore-Windkraftanlagen. Das kleinste skandinavische Land mit nicht weniger als 407 Inseln weist eine Küstenlänge von 7300 Kilometern auf, und an keinem Punkt in Dänemark ist man weiter als 55 Kilometer von der Nord- oder Ostsee entfernt. „Die Transformation war ein kühner Schritt, denn zu der Zeit waren Offshore-Windparks noch kleine Anlagen mit einer maximalen Leistung von 160 Megawatt – weit entfernt also von den gigantischen Parks heute, die bis zu 714 Megawatt leisten", schreibt Handelsblatt-Autor Helmut Steuer in einem 2020 veröffentlichten Beitrag.

Heute ist Ørsted der weltweit führende Anbieter für Offshore-Windenergie. Das Unternehmen hat seine CO_2-Emissionen um 86 Prozent gegenüber dem alten Geschäftsmodell reduziert. In einem Jahr will es ganz auf fossile

Energieträger verzichten und sämtliche Energie klimaneutral produzieren. Die Harvard Business Review hob Ørsteds Abkehr von fossilen und die Hinwendung zu erneuerbaren Energieträgern 2019 auf Platz sieben der zwanzig größten Unternehmenstransformationen des letzten Jahrzehnts. „In an era of relentless change, a company survives and thrives based not on its size or performance at any given time but on its ability to reposition itself to create a new future, and to leverage a purpose-driven mission to that end", schreiben die HBR-Autoren mit Bezug auf Ørsted und ergänzen: „That's why strategic transformation may be the business leadership imperative of the 21st century." (Anthony, S. et al., 2019)

Die Herausforderungen des Klimawandels haben völlig neue Geschäftsfelder eröffnet. Politik und Gesellschaft erwarten von Unternehmen nicht mehr nur, Gewinne zu erzielen und Arbeitsplätze zu sichern. Vielmehr sollen sie auch einen Beitrag zur Lösung globaler Probleme leisten. Wer die Zeichen der Zeit rechtzeitig erkennt und für sich zu nutzen weiß, wird im 21. Jahrhundert zu den Gewinnern gehören. Manchmal muss man dafür bisherige Geschäftsfelder aufgeben und neue erschließen.

These 3

Baue ein enges Verhältnis zu Mitarbeitern und Kunden auf, dann hast du eine treue Gefolgschaft, die dich auch in schweren Zeiten unterstützt.

Neben seinem Selbstvertrauen und politischen Gespür muss man bei Caesar noch einen dritten Aspekt seiner Persönlichkeit hervorheben. Obwohl er dem römischen Adel angehörte und die Abstammung des iulischen Geschlechts von Venus, der Göttin der Liebe und der Schönheit, ableitete, war Caesar ein Mann mit Volksnähe. Das verschaffte ihm auch bei seinen Soldaten eine große Popularität und damit eine sichere Herrschaftsbasis. Als Ädil richtete Caesar spektakuläre Spiele aus, als Konsul kümmerte er sich um Landverteilung und Versorgung von Veteranen. Damit baut er sich loyale Gefolgsleute auf, die mit ihm sogar den Rubikon überschritten. Auch im Senat konnte er sich stets auf eine Schar von Getreuen verlassen, die ihn fern an der Front in Gallien auf dem Laufenden hielten.

In der Wirtschaft des 21. Jahrhunderts sind die Unternehmen besonders erfolgreich, die ihre Kunden immer wieder aufs Neue begeistern und an sich binden können. Mit dem Net Promoter Score (NPS) gibt es eine Kennzahl, die die Zufriedenheit, Treue und Bindung von Kunden misst. Dafür werden Kunden auf einer Skala von 0 bis 10 in drei Gruppen unterteilt: Die Promotoren bewerten Unternehmen mit 9 oder 10, sind loyal und stark an das Unternehmen gebunden. Sie stimulieren Wachstum durch positive

Mundpropaganda. Die Passiven vergeben eine 7 oder 8, während Kunden, die eine Bewertung von 6 oder weniger vergeben, als Detraktoren bezeichnet werden. Um den NPS zu ermitteln, zieht man den Anteil der Detraktoren von dem der Promotoren ab. Wenn 70 Prozent der Kunden eines Unternehmens Promotoren und jeweils 15 Prozent Passive oder Detraktoren sind, dann beträgt sein NPS 55. Die Bandbreite des NPS reicht deshalb von plus 100 bis minus 100.

Viele Unternehmen nutzen den Net Promoter Score, um ihren künftigen Geschäftserfolg abschätzen zu können oder um Schwachpunkte bei Produkten und Geschäftsmodell aufzudecken. Zu diesen gehört auch das in Seattle beheimatete Unternehmen Starbucks. Es ist vor allem auf Kaffee spezialisiert, den es in mehr als 30 000 konzerneigenen und lizenzierten Selbstbedienungs-Cafés in 80 Ländern verkauft. Der weltweite Erfolg der Kaffeehauskette liegt mit Sicherheit nicht an seinen günstigen Preisen, denn für die ist Starbucks wahrlich nicht bekannt. „Vielmehr wurde immer ein Lebensgefühl verkauft, das einfach jeder mit Smartphone oder Laptop alleine oder beim Zusammensein mit Freunden und Bekannten den höchsten Kaffee-Genuss in den Filialen erleben konnte", erklärt der F.A.Z.-Börsenexperte Christoph Scherbaum (2022).

Hinzu kommt, dass das Unternehmen sein Ohr nah an den Kunden hat und ihnen das Leben vereinfacht. Zum Beispiel, indem sie ihren Kaffee zum Abholen in der Filiale online bestellen und abholen können, ohne sich in die Warteschlange einreihen zu müssen. „When it comes to NPS, Starbucks' applies a set of tactics to keep customer satisfaction and loyalty at a high level. Gathering customer feedback through the launch of the ‚My Starbucks Idea‘, reaching out to detractors and reducing customer effort are all factors contributing to Starbucks' NPS of 77", lobt Cvetilena Gocheva auf der Plattform customergauge.com (2023).

Der Onlinehändler Amazon und der Streaming-Anbieter Netflix sind zwei weitere US-Unternehmen mit einer Kundenloyalität, die weit über dem jeweiligen Branchendurchschnitt liegen. Amazon wies 2023 einen NPS von 73 auf, Netflix von 67. Aus wirtschaftlicher Sicht ist die Rechnung einfach: Je länger der Kunde gehalten wird, desto größer ist sein Wert für das Unternehmen. Wer meint, dass sich das nur am Umsatz festmachen lässt, denkt entschieden zu kurz. Die Faustregel besagt, dass es fünf bis sieben Mal teurer ist, einen neuen Kunden zu gewinnen, als einen Bestandskunden zu halten.

Wie bei Starbucks lässt sich der hohe NPS auch bei Amazon und Netflix nicht allein am Angebot, sondern auch am Service, der einfachen Bedien- und Verfügbarkeit sowie der Zuverlässigkeit festmachen. „For example, the biggest initial selling point of Netflix was its simplicity – a great online entertainment service that saved you time. That trend continues to this day", erklärt Alex Bitca auf der

Kundenbindungs-Plattform retently.com (2022). „Amazon has invested plenty of resources into making its sales, shipping, and return processes as simple and reliable as possible." (ebd.) Es ist höchst unwahrscheinlich, dass sich Millionen von zufriedenen Kunden auf allen fünf Kontinenten irren.

> Unternehmen haben vor allem dann loyale und zufriedene Mitarbeiter, wenn ihre Produkte und Dienstleistungen die Probleme der Kunden lösen und permanent an deren Wünschen ausgerichtet sind. Das erfordert den Mut, sich mit Kritik und Verbesserungsvorschlägen auseinanderzusetzen und sie zur kontinuierlichen Verbesserung zu nutzen. Dabei macht es keinen Unterschied, ob ein Unternehmen der alten Wirtschaft oder der Digital Economy angehört – nur wer loyale Kunden hat, hat langfristig Erfolg.

Epilog

Aut Caesar aut nihil

Die auf einer Büste des Gaius Julius Caesar angebrachte Inschrift, übersetzt „Entweder Caesar oder gar nichts", erkor sich der italienische Renaissancefürst Cesare Borgia zur Maxime (vgl. Stähli, A., 2022, S. 99). Sie drückt die Unbedingtheit eines Menschen aus, mit der er der Ambivalenz des Lebens zu trotzen sucht und im vollen Bewusstsein seiner Kraft und Stärke „Alles oder nichts" für sich fordert. Wenn es nicht Caesar selbst war, der die Sentenz ins Leben gerufen hat, so muss er dem Helden des vorliegenden Buches geistig sehr nahe gestanden haben.

Gaius Julius Caesar gehört zu den wichtigsten Gründungsfiguren des Abendlandes. Seine Feldzüge leiteten die Verbindung gallischer und römischer Kultur ein, und sein Name wurde bis heute zum Machttitel. Schon zu Lebzeiten hat er gleichzeitig fasziniert und polarisiert – entsprechend vielfältige Darstellungen Caesars sind nicht nur schon zu seinen Lebzeiten entstanden, sondern auch lange Zeit später. Und so kann man die Geburt des Abendlandes auf das Frühjahr des Jahres 58 v. Chr. datieren, in dem der Römer seinen Feldzug zur Unterwerfung des freien Galliens begann und damit jene Symbiose der Kulturen einleitete, aus der Frankreich hervorging. Man kann auch damit beginnen, dass Caesars Nachfolger seinen Familiennamen als Titel annahmen, woraus dann die Worte „Kaiser" und „Zar" wurden. Oder man fängt an mit jenem Weihnachtstag des Jahres 800, an dem die Römer den überaus frommen Frankenherrscher Karl, *Carolo piissimo augusto,* unter Bezugnahme auf den ersten römischen Kaiser, dem Caesar den Thron bereitet hatte, zum ersten Kaiser des Mittelalters in Westeuropa krönten. (vgl. Stähli, A., 2015, S. 35 ff.)

Wie auch immer: Um Julius Caesar als Gründungsfigur kommt die abendländische Geschichtsschreibung nicht herum. Der Abkömmling des alten römischen Patriziergeschlechts der Julier, Sieger im Bürgerkrieg gegen Pompeius und Verfasser des mittlerweile jahrtausendealten Bestsellers „De bello Gallico" hat die okzidentale Kultur durchdrungen wie kaum eine andere Figur. Motivgeschichtlich ist Caesar wie ein Fluss ohne Ufer.

William Shakespeare beschwor mit seiner dramatischen Beschreibung des tragischen Endes Caesars die damals schon 66 Jahre zählende Queen Elisabeth I., den Thron freiwillig zu räumen. Georg Friedrich Händels Oper „Giulio Cesare in Egitto" handelt von Caesars Affäre mit Kleopatra, die wir uns seit dem amerikanischen Kinokassenschlager aus den 1950er-Jahren (und dem darauf zurückgehenden zweiten Band der weltberühmten Comicreihe „Asterix") vorstellen wie die blutjunge Elizabeth Taylor.

Im 19. Jahrhundert wurde der Feldherr zum Vorbild für Napoleon Bonaparte erhoben und seine Eroberung Galliens zum Modell für die Durchsetzung der französischen Zentralmacht. Und den Deutschen hat er ihren ersten Literaturnobelpreis eingebracht. Den bekam Theodor Mommsen für seine „Römische Geschichte", deren Caesar-Kapitel eine glühende Liebeserklärung an seinen Gegenstand ist. Es schließt mit den Worten: „So wirkte und schaffte er wie nie ein Sterblicher vor und nach ihm, und als ein Wirkender und Schaffender lebt er noch nach Jahrtausenden im Gedächtnis der Nationen, der erste und doch auch der einzige Imperator Caesar." (1940, S. 213) Damit prägte Mommsen das Caesar-Bild der historischen Forschung für ein ganzes Jahrhundert. Ein Dramatiker der Neuzeit schrieb über Caesars Rolle bei der Catilinarischen Verschwörung ein den Verfremdungseffekt einführendes Moralstück: Bertolt Brechts Romanfragment „Die Geschäfte des Herrn Julius Caesar" entstand 1938/39 im dänischen Exil. Und das sind nur die wichtigsten Rezeptionen. In Elisabeth Frenzels „Stoffe der Weltliteratur" umfasst der Eintrag zu Caesar beeindruckende sechs Seiten.

Für die Lebenden ist es in der Regel recht schwierig, ihren Moment als einen Abschnitt der Geschichte zu sehen und zu verstehen. Wir sind zu sehr in der Gegenwart, als dass wir sie mit der nötigen Distanz betrachten können. Der britische Historiker Arnold J. Toynbee brachte diesen Punkt zum Ausdruck, als er sich an seine Kindheit im spätimperialen Großbritannien erinnerte: „Well, here we are on top of the world, and we have arrived at this peak to stay there – forever! There is of course a thing called history, but history is something unpleasant that happens to other people." Dieses denkwürdige Aperçu erschien in der Februarausgabe

1949 von „Commentary", einer amerikanischen Monats-
zeitschrift. Da war die Liebe Europas zu Caesar schon abge-
kühlt. Vorbei waren die Zeiten, in denen Eltern ihre Kinder Giulio Cesare Montiverdi (Komponist und Bruder des
berühmteren Claudio) oder Axel Cäsar Springer nannten.

Aber nicht diese Zeiten und schon gar nicht der Mann
namens Julius Caesar können jemals in Vergessenheit geraten. Männer seines Schlages werden gern als „Werkzeug"
der Geschichte bezeichnet. „Da sie notwendige Neuerun-
gen in Gang gesetzt haben, Veränderungen, die stattfinden
mußten, weil ‚die Zeit reif' dafür war, interpretiert man
die Folgen ihrer Taten gern als einer der Geschichte imma-
nenten Logik unterworfen." (Canfora, L., 2001, S. 12) Im
Falle Caesars trifft das, wie wir gesehen haben, sogar zu. Es
bedurfte dieses einen Mannes, um Rom vor sich selbst zu
retten. Und so sei es kein Wunder, dass sein Ansehen über
seinen Tod hinaus ungebrochen blieb, schreibt Canfora weiter, „und die ungeheure Faszinationskraft, die von Caesar
ausging, machte seine Person, ja seinen Namen, zu einem
Archetyp."

Caesar selbst hat mit seinen Aufzeichnungen viel dazu bei-
getragen. Allerdings erleichtert das nicht gerade die Arbeit
des Historikers. Im Gegenteil, was sind die Tatsachen, was
subjektives Erleben, was zielstrebiges Hervorhämmern
eines zukünftigen Denkmals? Gewiss, Caesar hat sein Licht
nie unter den Scheffel gestellt, im Zweifel dürfte er sich
stets überhöht dargestellt haben. Er wusste schließlich, dass

seine Feinde schon selbst für reichlich Abstrich sorgen würden. Es bedarf deshalb des gründlichen Studiums zeitgenös-
sischer und interpretierender Quellen, um Dichtung und
Wahrheit voneinander unterscheiden zu können.

Doch was dann übrig bleibt, macht die historische Relevanz
Caesars umso größer. „Caesarian Greatness lies in his rheto-
rical, political, and military accomplishments, and it is to be
found in the very making of the image he has constructed of
that genius. (…) Caesar is always Caesar, the absolute Caesar, ever in control, adjusting to circumstances, democrat
and monarch, whether *optimus maximus* or *pessimus maximus.*
The constructing Caesar cannot be fully disaggregated from
the general and the politician." (Batstone, W., 2007, S. 44)

Vielleicht ist dies die größte seiner Leistungen: Noch vor
Jesus Christus hat Gaius Julius Caesar die Bedeutung von
sinnstiftenden Erzählungen erkannt. Narrative geben den
Menschen eine Möglichkeit zur gesellschaftlichen Orientierung und vermitteln Zuversicht. Das ist dem Verfasser der
„Commentarii De bello Gallico" mit Sicherheit gelungen.
Und wenn die moderne Neurowissenschaft recht hat mit
ihrer Behauptung, dass Narrative nicht erfunden, sondern
nur gefunden werden können, dann ist der Chronist Caesar
mehr als legitimiert. Mehr, als er getan hat, konnte er nicht
tun – für sich selbst, für Rom und für das Abendland. Ohne
Caesar wäre alles nichts. *Aut Caesar aut nihil.*

Abbildungsnachweise

Literatur

Albig, Jörg-Uwe (2011): Caesar. In: Rom – Die Geschichte der Republik, Geo Epoche, Band 50/2011, S. 132–145.

Anthony, Scott D.; Trotter, Alasdair; Schwartz, Evan I. (2019): The Top 20 Business Transformations of the Last Decade. In: Harvard Business Review online, Watertown, 24.09.2019. https://hbr.org/2019/09/the-top-20-business-transformations-of-the-last-decade.

Baltrusch, Ernst (2004): Caesar und Pompeius. 3. Aufl. Darmstadt 2011.

Baltrusch, Ernst (2007): Caesar – Neue Wege der Forschung. Darmstadt 2007.

Batstone, William (2018): Caesar Constructing Caesar. In: Grillo, Luca; Krebs, Christopher B. (2018): The Cambridge Companion to the Writings of Julius Caesar, S. 43–57. Cambridge 2018.

Bleicken, Jochen (1989): Die Verfassung der Römischen Republik. 6. Aufl. Paderborn, München, Wien, Zürich 1993.

Beard, Mary (2015): SPQR. Die tausendjährige Geschichte Roms. 2. Aufl. Frankfurt 2016

Bitca, Alex (2022): What Do Companies with High Net Promoter Score Have in Common? In: retently.com, Austin (TX), 24.02.2022. https://www.retently.com/blog/companies-high-nps/.

Bringmann, Klaus (2008): Römische Rechte. Von den Anfängen bis zur Spätantike. München 2008.

Bücker, Till (2022): Wie gut ist Elon Musk als Unternehmer? In: tagesschau.de, Hamburg, 17.11.2022. https://www.tagesschau.de/wirtschaft/unternehmen/elon-musk-erfolg-unternehmer-fuehrungsstil-101.html.

Burckhardt, Leonhard (2016): Militärgeschichte der Antike. München 2016.

Caesar, Gaius Julius (52/51 v. Chr.): Der Gallische Krieg. München 1991.

Canfora. Luciano (1999): Caesar. Der demokratische Diktator. Eine Biographie. München 2001.

Cassius Dio (um 190 n. Chr.): Römische Geschichte, Band 2. 2. Aufl. Berlin 2012.

Christ, Karl (1997): Caesar 100-44 v. Chr. In: Clauss, Manfred, Die römischen Kaiser. 55 historische Portraits von Caesar bis Iustitian, S. 13–25. München 1997.

Christ, Karl (1988): Geschichte der römischen Kaiserzeit. 6. Aufl. München 2009.

Clauss, Manfred (Hrsg.) (1997): Die römischen Kaiser. 55 historische Portraits von Caesar bis Iustitian. München 1997.

Dahlheim, Werner (2005): Julius Caesar. Die Ehre des Kriegers und die Not des Staates. Paderborn 2005.

Delbrück, Hans (1900): Geschichte der Kriegskunst: Das Altertum. Hamburg 2006.

Elbern, Stephan (2008): Caesar – Staatsmann, Feldherr, Schriftsteller. Mainz 2008.

Gelzer, Matthias (2008): Caesar. Der Politiker und Staatsmann. Stuttgart 2008.

Gesche, Helga (1976): Caesar. Reihe „Erträge der Forschung". Darmstadt 1976.

Goldsworthy, Adrian (2006): Caesar. The Life of a Colossus. London 2007.

Gocheva, Cvetilena (2023): Starbucks: A Customer Loyalty Story To Learn From. In: customergauge.com. https://customergauge.com/benchmarks/blog/starbucks-a-story-of.

Goudineau, Christian; Guichard, Vincent; Redde, Michel; Sievers, Susanne; Soulhol, Henry (2000): Caesar und Vercingetorix. Mainz 2000.

Grant, Michael (1969): Caesar – Genie, Eroberer, Diktator. Hamburg 1977.

Gruen, Erich S. (2009): Caesar as a Politician. In: Griffin, Miriam (Hrsg.): A Companion to Julius Caesar, S. 23–36. London 2009.

Haefs, Gisbert (2007): Caesar. München 2008.

Jehne, Martin (1997): Caesar. München 2014.

Jehne, Martin (2006): Die römische Republik. Von der Gründung bis Caesar. 2. Aufl. München 2008.

Jehne, Martin (2009): Der große Trend, der kleine Sachzwang und das handelnde Individuum. Caesars Entscheidungen. München 2009.

Kühn, Marco (o.J.): 10 Dinge, die ich von Roger Federer in den letzten 15 Jahren lernen konnte. In: tennis-insider.de, Menden o.J. https://www.tennis-insider.de/blog/federer-lernen/.

Kunkel, Wolfgang; Schermaier, Martin (2013): Römische Rechtsgeschichte. Wien, Köln, Weimar 2013.

Lane Fox, Robin (2005): Die klassische Welt. Eine Weltgeschichte von Homer bis Hadrian. Stuttgart 2010.

Le Bohec, Yann (2016): Die Römische Armee. Kassel 2016.

Lewin, Waldtraut (1980): Gaius Julius Caesar. Aufstieg und Fall eines römischen Politikers. 2. Aufl. Berlin 1982.

Livius, Titus (ca. 14 n. Chr.): Römische Geschichte. Von der Gründung der Stadt an. 2. Aufl. Wiesbaden 2012.

Manthe, Ulrich (2011): Geschichte des Römischen Rechts. München 2011.

Matyszak, Philip (2018): Legionäre in der Römischen Armee. Darmstadt 2018.

Meier, Christian (1982): Caesar. Berlin 2018.

Meneghini, Roberto (2015): Die Kaiserforen Roms. Darmstadt 2015.

Mesenhöller, Mathias (2011):, Die Macht des Wortes. In: Rom – Die Geschichte der Republik, Geo Epoche, Band 50/2011, S. 120–131.

Mommsen, Theodor (1940): Gaius Julius Caesar. Paderborn 2012.

Morstein-Marx, Robert (2021): Julius Caesar and the Roman People. Cambridge 2021.

Plutarch (um 96): Von großen Griechen und Römern – fünf Doppelbiographien. München 1991.

Quintilian (um 92 n. Chr.): Institutio Oratoria. Cambridge, London 1922. https://www.perseus.tufts.edu/hopper/text?doc=Perseus%3Atext%3A2007.01 .0069%3Abook%3D12%3Achapter%3D6%3Asection%3D7.

Raaflaub, Kurt A. (2007): Caesar und Augustus als Retter römischer Freiheit? In: Baltrusch, Ernst: Caesar. Neue Wege der Forschung. S. 229–261. Darmstadt 2007.

Rodgers, Nigel (2011): Die Römische Armee, Die Legionen der antiken Weltmacht und ihre Feldzüge. Fränkisch-Crumbach 2011.

Rüti, Nicole (2023): Sind CEO gute Selbstvermarkter oder Hochstapler? In: Neue Zürcher Zeitung, 20.11.2023. https://www.nzz.ch/wirtschaft/sind-ceos-gute-selbstvermarkter-oder-hochstapler-ld.1760886.

Schauer, Markus (2023): Triumvirat. Der Kampf um das Imperium Romanum. München 2023.

Scherbaum, Christoph (2022): Starbucks und der nicht aufhörende Kaffee-Boom. In: faz.net, 16.09.2022. https://www.faz.net/aktuell/finanzen/ starbucks-und-der-nicht-aufhoerende-kaffee-boom-18320991.html.

Stähli, Albert (1992): *Europäische Lösung: Genetisch wachsende Fallstudie.* London New York 1992.

Stähli, Albert (2006): *Management Andragogics 2. Zurich Living Case.* Berlin Heidelberg 2006.

Stähli, Albert (2015): *Die Franken. Europas Bildungsstrategen der ersten Stunde.* Frankfurt 2015.

Stähli, Albert (2018): *Die Römer. Politik und Wirtschaft mit Legionen.* Frankfurt 2018.

Stähli, Albert (2018a): *Die Griechen. Die antike Demokratie, Bildung und Wohlstand.* Frankfurt 2018.

Stähli, Albert (2019): *Die Ägypter. Politik für ein Leben im Diesseits und Jenseits.* Frankfurt 2019.

Stähli, Albert (2022): *Die Medici. Macht, Geld und Kunst in der Renaissance.* Frankfurt 2022.

Stähli, Albert (2023): *Alexander der Große. Welteroberer: Ein Genie erschafft den Hellenismus.* Frankfurt 2023.

Steuer, Helmut (2020): *Wie Ørsted vom Öl- und Gaskonzern zum größten Windunternehmen der Welt wurde.* In: Handelsblatt.com, 07.12.2020. https://www.handelsblatt.com/unternehmen/nachhaltigkeit/serie-klimapioniere-wie-oersted-vom-oel-und-gaskonzern-zum-groessten-windunternehmen-der-welt-wurde/26693194.html.

Strauss, Barry (2015): *Die Iden des März. Protokoll eines Mordes.* Darmstadt 2016.

Sueton (120 n. Chr.): *Leben und Taten der Römischen Kaiser.* Köln 2017.

Syme, Ronald (1939): *Die römische Revolution.* Stuttgart 2003.

Toynbee, Arnold J. (1949), zitiert nach Moon, Paul (2023): *Motive in the Madness: two works grappling with colonialism.* In: History Reclaimed. https://historyreclaimed.co.uk/motive-in-the-madness-two-works-grappling-with-colonialism/.

Will, Wolfgang (1992): *Julius Caesar. Eine Bilanz.* Stuttgart Berlin Köln 1992.

Will, Wolfgang (2008): *Caesar und die Kunst der Selbstdarstellung.* Darmstadt 2008.

Will, Wolfgang (2009): *Caesar. Reihe „Gestalten der Antike", hrsg. von Manfred Clauss.* Darmstadt 2009.

Der Autor

Albert Stähli, Dr. rer. soz. oec., ist anerkannter Experte auf dem Gebiet der modernen Management-Andragogik und Autor mehrerer Bücher und Schriften zu diesem Thema. Um die Weiterbildung von Executives in der Wirtschaft und deren Berufsanforderungen entsprechend  zu gestalten, gründete und leitete er die Graduate School of Business Administration (GSBA) in Zürich und Horgen am Zürichsee. Als passionierter Weltentdecker beschäftigt er sich seit vielen Jahren mit historischen Kulturen, unter anderen mit denen der europäischen Ethnien, der Sonnenkönigreiche in Süd- und Mittelamerika, der arabischen und Turkvölker sowie der Griechen, Römer und Ägypter. Daneben richtet sich sein Forschungsfokus auf europäische Herrscherdynastien und herausragende historische Persönlichkeiten wie Alexander der Große, Julius Caesar und Napoleon Bonaparte. Mit seinen Büchern und Vorträgen hat sich Albert Stähli auch außerhalb der Schweiz den Ruf einer Autorität erworben. Als gelernter Andragoge interessieren ihn ganz besonders die Bildungskulturen in den untergegangenen Reichen. Albert Stähli lebt nahe Zürich in der Schweiz.

Bleiben Sie informiert!

Möchten Sie regelmäßig über unsere Neuerscheinungen, Autoren und Veranstaltungen informiert werden? Gerne! Abonnieren Sie unseren kostenlosen Newsletter mit Neuigkeiten rund um unser Verlagsprogramm, Autoren, Veranstaltungen und unseren Verlag. In unserem monatlichen Newsletter legen wir den Fokus jeweils auf ein Schwerpunktthema und lassen unsere Autoren zu Wort kommen. Zusätzlich stellen wir Ihnen in jeder Ausgabe unsere Buchtipps vor. Selbstverständlich können Sie den Newsletter jederzeit wieder abbestellen.

https://fazbuch.de/newsletter

Albert Stähli

Alexander der Große

Welteroberer: Ein Genie erschafft den Hellenismus

2023, 192 Seiten, 20,00 € (D), ISBN 978-3-96251-168-5

Wie gelang es Alexander dem Großen in atemberaubend kurzer Zeit, eines der größten Reiche der Geschichte zu erobern? Albert Stähli liefert in seinem Buch eine umfassende und fundierte Darstellung von Alexander dem Großen und seiner Bedeutung für die antike Welt und die Menschen bis heute.

Im Buchhandel oder unter www.fazbuch.de erhältlich.

Albert Stähli

Die Romanows

Aufstieg und Fall der russischen Zaren

2021, 192 Seiten, 20,00 € (D), ISBN 978-3-96251-110-4

Unter den Romanows erwuchs Russland innerhalb von vier Jahrhunderten
zur Weltmacht und kreuzte Mitte des 19. Jahrhunderts die Pfade anderer
europäischer Völker. Verfolgen Sie die Geschichte dieser Dynastie bis zur
Oktoberrevolution.

Albert Stähli

Die Habsburger

Eine Dynastie prägt Europas Geschichte

2020, 192 Seiten, 20,00 € (D), ISBN 978-3-96251-081-7

Dieses Buch beschreibt die Mechanismen und Methoden, mit denen die Habsburger an die Spitze der europäischen Dynastien gelangt sind. Albert Stähli erklärt die Vergangenheit des Hauses Habsburg mit Blick auf die Zukunft von erfolgreichen Unternehmen.

Im Buchhandel oder unter www.fazbuch.de erhältlich.

Albert Stähli

Die Ägypter

Politik für ein Leben im Diesseits und Jenseits

2019, 192 Seiten, 20,00 € (D), ISBN 978-3-96251-073-2

Das Leben im alten Ägypten war dem unserer Tage ähnlicher als manch einer denkt. Auch die Rechtsgeschichte und unsere Gesellschaftsstrukturen haben dort ihren Ursprung. Albert Stähli thematisiert die faszinierende Geschichte der Hochkultur Ägyptens und stellt spannende Bezüge zu unserer modernen Gesellschaft her.

Im Buchhandel oder unter www.fazbuch.de erhältlich.

Albert Stähli

Die Römer

Politik und Wirtschaft mit Legionen

2018, 224 Seiten, 20,00 € (D), ISBN 978-3-96251-025-1

Albert Stähli untersucht das Wirken der römischen Kaiser daraufhin, was aktuelle Staats- oder Unternehmenschefs von ihnen lernen können. Im Mittelpunkt stehen Staatspolitik und Menschenführung, was wir heute mit dem Begriff „Leadership" zusammenfassen. So sicherten die Cäsaren und ihre Streitkräfte, trotz starker Zerreißkräfte, die von ihnen befohlene Pax Romana rund 250 Jahre nach innen.

Im Buchhandel oder unter www.fazbuch.de erhältlich.